Rialto, 11

A*

Belén Rubiano

Rialto, 11

Naufragio y pecios de una librería

Libros del Asteroide

Ilustración de cubierta: © Jessica Russo
Fotografía de la autora: © Montse Rubiano

Publicado por Libros del Asteroide S.L.U.
Avió Plus Ultra, 23
08017 Barcelona
España
www.librosdelasteroide.com

ISBN: 978-84-17007-75-1
Depósito legal: B. 4.823-2019
Impreso por Reinbook, serveis gràfics, S.L.
Impreso en España - Printed in Spain
Diseño de colección: Enric Jardí
Diseño de cubierta: Duró

Este libro ha sido impreso con un papel ahuesado,
neutro y satinado de ochenta gramos, procedente de bosques
correctamente gestionados y con celulosa 100 % libre de cloro,
y ha sido compaginado con la tipografía Sabon en cuerpo 11.

Para Beatriz

Yo tenía una librería en Sevilla. Era tan hermosa como pequeña, de techos altísimos con elegantes molduras, vitrinas con luz y azulejos catalogados por Patrimonio que no se debían horadar aunque viniera Dios y te lo ordenara él mismo y porque sí. Estaba en el número once de la plaza Padre Jerónimo de Córdoba, pero no preguntéis a un sevillano por esa dirección, pues a menos que viva al lado os dirá que, aunque le suena mucho, no la ubica. Se conoce como la plaza del Rialto por un antiguo cine que también lo apandó el tiempo y sus estragos. En mi vida, hasta ahora, he conocido dos revoluciones: aprender a leer y Billy. Billy es el gato con el que vivo y tener y no tener una librería son mis dos maneras de leer.

Recuerdo con absoluta nitidez mi aprendizaje de la lectura. Una revista que compraba mi madre incluía en sus páginas centrales, apaisadas, unas viñetas que me encantaban. La protagonista era una niña, la ilustración muy tosca y yo imaginaba todo lo que le ocurría. Un día me di cuenta de que, a menudo, sobre la niña y su familia había una nube con un piquito como de pájaro, y dentro de la nube los mismos caracteres esotéricos que inundaban el resto de la revista. Aquel día intuí que esa grafía contenía un relato. Que el argumento que yo atribuía a esa niña hasta entonces era el mío, no el de ella, y tenía que conseguir descifrar el verdadero. Empecé con las palabras cortitas (los artículos y nexos) y aún hoy puedo evocar con claridad las dificultades y el esfuerzo, tan arduos hasta que se reveló el misterio, de aquella niña tumbada en el suelo de la cocina de Marchena, con el sol de invierno en las páginas y las piernas. El resto, con la ayuda de una amiga, nombre que en el pueblo se les daba a las solteronas que improvisaban una guardería en sus casas y adonde iba con mi sillita de enea a pasar las mañanas, fue fácil. Descubrí entonces que la niña era bastante cursi y, cuanto le ocurría, mucho más aburrido que mis ingenuas interpretaciones pero, a cambio, podía devorar toda una revista mensual. Tenía tres años y sabía leer.

Si la pobre criatura del doctor Frankenstein solo tuvo a su alcance tres libros que le hicieran de linterna para despejar la oscuridad del mundo al que acababa de nacer (Plutarco, Milton y Goethe), en aquella casa nuestra yo también encontré tres únicos libros: *Los siete pecados capitales en USA,* de Fernando Díaz-Plaja; *Tres muchachas de París,* de Max Catto, y el *Estatuto de los trabajadores* en una edición con las cubiertas en tela de Tecnos. Los dos primeros los devoré y aún los tengo. La novela de las tres pilinguis de París me pareció sosa y mal escrita, a Díaz-Plaja le sigo guardando cariño desde entonces, y el Estatuto —que era el único que me servía de texto cuando jugaba a ser maestra con todos mis aplicados muñecos sentados en severas hileras atendiendo a mis enseñanzas, o de biblia cuando jugaba a ser cura y los mismos juguetes eran mis feligreses—, por desatenta puntería, aunque en mis dedos resista la memoria de su tacto, no lo conservé.

Tras los primeros cuentos, pocos, vino el asalto literal a la biblioteca de mi colegio. Enid Blyton me duró un suspiro y, a la par, recuerdo haber leído *Nada*, de Carmen Laforet, y *El Jarama*, de Sánchez Ferlosio, que me hicieron sentir que andaba perdiendo el tiempo con *Torres de Mallory*. También leí *La colmena*, de Cela, ya que, al ser la mayor de seis hermanos, todas las restricciones pedagógicas que luego se fueron suavizando con los años caían sobre mí con primogénita saña: si no me dejaban ver la película, yo buscaba el libro sin que nadie me preguntara nunca si lo que leía era adecuado para mi edad.

En aquel entonces, en mi pueblo solo se podían comprar libros en la imprenta Pruna. Según entrabas y quedabas delante del mostrador, a la derecha y a tu espalda una pequeña estantería contenía todas las existencias librescas (Bruguera, Anaya y Cátedra, sobre todo) y creo que casi todas las compré poquito a poco y con mi paga infantil. Estaría cursando sexto o séptimo del antiguo plan de estudios, por lo que andaría por los once o doce años, cuando, para celebrar el final de curso, la profesora propuso que al día siguiente lleváramos un regalo de amigo invisible. A mí me tocó una niña que yo sabía que celebraría un libro tanto como una trampa para ratones o un arado pero, egoístamente, me fui corriendo a la imprenta Pruna a comprar mi regalo. Elegí *Si una noche de invierno un viajero*, de Italo Calvino, que llevaba meses torturando mi voluntad de ahorro cada vez que iba por un cuaderno o un rotulador. Por supuesto, lo leí esa noche casi entero y fui incapaz de desprenderme de él. Total, pensé, me va a odiar igual por regalarle un libro; de modo que envolví en papel de regalo un viejo ejemplar de Maria Gripe al que limpié las cubiertas y apenas si se le notaba que lo había leído dos o tres veces ya. No quedé en paz con mi conciencia hasta el día siguiente, cuando desde el colegio recorrí la calle Marcos Ruiz camino de mi casa con el regalo que otra niña me había entregado a mí, que no me hacía la menor ilusión y que soy incapaz de recordar. Pero que no era un libro.

Como una de las grandes hazañas de mi vida recuerdo también lo que me costó convencer a mi padre para que me dejara ir sola, por las tardes, a la biblioteca municipal. Cuando al fin lo logré, me convertí en un mueble más de aquella sala. Allí cayeron, al completo, lo escrito hasta la fecha por Carmen Martín Gaite y, menos su autobiografía, toda Agatha Christie. También Doris Lessing, quien, comparada con las dos anteriores, me pareció que no tenía tan claras sus ideas y que le costaba expresarlas de corrido. Pero me esforzaba en leerla con la ilusión de que estuviera algo prohibida o, al menos, mal vista. Sin embargo, gracias a ella y a sus libros hice mío el penúltimo consejo de su sabio aviso: «Solamente hay una manera de leer, que es huronear en bibliotecas y librerías, tomar libros que llamen la atención, leyendo solamente esos, echándolos a un lado cuando aburren, saltándose las partes pesadas y nunca leer nada por sentido del deber o porque forme parte de una moda».

A pesar de la gratitud que sentía por las bibliotecas, nunca me gustó tener que devolver algunos libros. No sabía qué cosa era una librería porque en Marchena no había ninguna, pero que las amaba y necesitaba era seguro.

En uno de los números de la revista que compraba mi madre y con la que aprendí a leer, venía una larga entrevista con Esther Tusquets que hizo que me cayera del primer caballo de mi vida rural y sin alicientes. Hasta entonces, no se me había ocurrido que detrás de cada libro había una persona que los escogía y los construía casi desde la nada; desde que no eran más que un montón de folios o cuadernos. Creo que, de tantas veces como releí esas páginas, llegué a aprendérmelas de memoria. Esta señora tenía una editorial y, claro, editaba libros. Los seleccionaba, confiaba en ellos y creía en su necesidad aunque, muchas veces, hasta perdiera dinero. Decía que tenía dos autores que le permitían financiar a todos los demás. Puedo ver, como si la tuviera delante, aquella entrevista. Las firmaba una periodista que se llamaba Eva y cuyo apellido no recuerdo, aunque juraría que tenía dos sílabas. Un primer plano en blanco y negro de la editora, con unas gafas que me parecieron enormes y terribles, porque ya andaba temiendo que me las acabarían por recetar a mí (como así fue) llenaba las dos primeras páginas. Ese día decidí que sería editora, que encontraría a un Umberto Eco y a un Quino que no me hicieran pasar hambre y que, si me prescribían gafas, usaría lentillas. Lo segundo, sí que lo cumplí.

Un poco más tarde, viendo el desembolso y la locura que harían falta para ser editora, pensé que podría intentar ser escritora, pero me daba mucho miedo ser fea. Me apacigüé un poco en mis temores con una fotografía de

Ana María Matute que ilustraba mi libro de Lengua y Literatura de séptimo u octavo. En esa imagen andaría ella por los últimos años de la treintena o pisando los primeros cuarenta, aunque a mí se me antojara muy mayor. Parecía como si el disparo fotográfico la hubiera sorprendido entrando en una habitación y miraba al frente con esa desesperación valiente de quien anticipa una presencia pero no se permite temerla. Como quien, si la encuentra, la enfrenta y no por ello se muere. Tras la escritora, se veían dos hombres que carecían del halo de misterio que la envolvía a ella. Llevaba una media melena apenas por encima de los hombros y, aunque la fotografía era en blanco y negro, era evidente que se había maquillado de rojo los labios. Me parecía más guapa y más todo que Jeanne Moreau, aunque de ese corte. Igual no estaba tan mal eso de escribir, me dije, pero lo que no estaba tan mal, ni mucho menos, era eso de leer. El único inconveniente que le encontraba era que nunca podría ganar lo suficiente para financiar mi pasión. Compraba todo lo que podía en la imprenta, me hice socia de Círculo de Lectores y, cada cuatro o cinco días, aparecía por la biblioteca para devolver tres libros y tomar prestados otros tantos. Entonces decidí que lo mejor que podía hacer de mayor era trabajar en una librería, lugares donde todos los prodigios eran posibles y que solo conocía por los libros mismos, ya que hasta los dieciocho años cumplidos y viviendo en Sevilla, no pisaría una de verdad. Y, quién sabe, si tenía las cualidades necesarias para el oficio y no dejaba de desearla con todas mis fuerzas, quizás con el tiempo lograría levantar mi propia librería en alguna esquina de algún mapa.

Todo eso sucedió. Me coloqué en una librería, monté la mía, la cerré, terminé de pagarla con sus intereses de demora algunos años después y aún la añoro, pero mereció la pena. Se anhela lo que nunca se ha tenido y se añora lo que se tuvo y se perdió. Hay tanta buena suerte en todos los rincones del verbo añorar que si la juventud no está para arruinarte por pagar su uso, no sé para qué otra cosa puede valer. De verdad que no.

PRIMERA PARTE

Yo tuve veinte años, pero no me di cuenta.
Y ahora no los recuerdo.

JULIA UCEDA

A veces los deseos se cumplen

Con veinte años ya me había casado. Mi marido y yo vivíamos en Sevilla y andábamos, tras algunos trabajos temporales, a la búsqueda de otro mejor. El corazón me dio un brinco cuando leí la oferta de empleo que insertaba ese domingo el diario ABC.

SE NECESITA VARÓN FUERTE Y LICENCIADO
PARA TRABAJAR EN LIBRERÍA

Y un número de teléfono, nada más. El año anterior habíamos vivido en un pequeño ático en Los Remedios, conocía el prefijo telefónico y sabía que solo podía tratarse de una de dos librerías: la buena o la mala. De las dos habíamos sido clientes asiduos. La primera, Palas, nos gustaba mucho y de la otra, aunque tenía el aliciente del libro descatalogado, huíamos despavoridos cuando la atendía la dueña, una señora de Burgos que solía tratar regular a los empleados y con bastante aspereza a los mismos clientes si, por ejemplo, le dolía un pie o tenía un poco de acidez. Todo el domingo y el lunes los pasé dándole vueltas a aquella notita de empleo.

—Mira esto —le dije a Ángel, tendiéndole el periódico.

—Me quedan dos asignaturas para acabar la carrera, pero puedo intentarlo.

—No, si te lo digo para mí.

—¿Tú? No eres varón, ni licenciado, ni fuerte.

—Cuando me enfado soy bastante fuerte.

—Aunque trabajaras todo el tiempo enfadada, te sigue faltando la licenciatura y ser un hombre.

—Ya.

Pero no conseguía desanimarme y, al caer la tarde, estaba decidida.

—Voy a llamar. Siempre estamos a tiempo, si me dice que no, de que te ofrezcas tú.

Desde el bar de al lado, ya que aún no teníamos teléfono, marqué los nueve dígitos, crucé los dedos y deseé que fuese la librería buena la que estuviera al otro lado. El teléfono lo descolgó la voz de la señora de Burgos que tan bien conocía, aunque ella no me recordase.

—Buenas tardes, llamo por el anuncio de ABC.

—Pero ¿eres una mujer, verdad?

—Sí, pero puedo hacer que no se dé ni cuenta.

—¿Cuáles son tus estudios?

—Empecé Psicología y Filosofía.

—¿Cuánto del total empezaste?

—Muy poquito. No he tenido tiempo.

—Mira, bonita, nadie puede acusar al anuncio que hemos publicado de falta de claridad.

—No, eso me ha gustado mucho. Les felicito.

—Solo contratamos a hombres, licenciados y que sean capaces de cargar y descargar camiones llenos de libros sin sudar.

—Verá, yo puedo hacer todo eso. Y sería una empleada excelente. El periodo de prueba no me da miedo. Es de tres meses y aún lo pueden rescindir en los primeros quince días. No es un riesgo tan grande el que asumirían, ¿no?

—Soy tan dura como transparente. Quien ha vetado que las mujeres trabajen en nuestras librerías soy yo misma. Tuvimos malas experiencias en el pasado y esa condición no es negociable si no es con mis pies por delante, circunstancia que pienso dilatar todo lo que pueda. Lo siento muchísimo, aunque me has despertado la curiosidad y me gustaría conocerte.

—¿Cuándo?

—¿En media hora?

—Allí estaré.

—¿No necesitas la dirección?

—No hace falta, su voz es inconfundible.

De diez minutos, nos sobraron seis para ponernos de acuerdo. Mi marido me acompañaría y esperaría en Nova Roma, un salón de té que también se lo llevó el tiempo algunos años después y que quedaba, en la misma calle Asunción, muy cerca de la librería. En cuanto la señora de Burgos colmara su curiosidad y me volviera a rechazar, le avisaría para que optara al puesto. Por entonces, Ángel llevaba el pelo bastante largo y justo al lado de nuestra casa trabajaba su oficio un barbero.

—¿Debería cortarme el pelo, verdad?

—Es la librería mala.

—Me lo corto. Coge tú el taxi y yo te sigo.

Cuando llegué, un empleado se disponía a bajar la cancela y ella empezaba a hacer la caja del día. Al dependiente le dijo sin ninguna amabilidad que ya se podía marchar y él me miró con gratitud, pues se veía que su jornada diaria solía acabar mucho más tarde. La señora de Burgos se dedicó a preguntarme todo lo que le apeteció y yo me dediqué a responderle sin llegar a colmar su apetito pues sabía, como Sherezade, que esa era mi única carta buena. Le llamó mucho la atención que, tan joven, anduviera ya casada. Al final, una hora larga después, me pidió que pasara de vez en cuando a verla y charlar un ratito, prometiéndome reconsiderar su veto. Hasta entonces no le dije que mi marido esperaba muy cerquita y que estaba dispuesto a empezar a trabajar cuanto antes. Que él sí era varón, casi licenciado y bastante fuerte.

—¿Dónde está ahora?

—En Nova Roma. Voy corriendo y lo aviso.

—Si te has casado con él dile que venga, que lo contrato.

La empresa, con los años, había ido creciendo y tenía varias librerías en Sevilla. Las de Asunción, República Argentina, Montecarmelo y avenida de la Constitución eran las de entonces, aunque después abrirían bastantes más, incluso en otras ciudades. Ángel empezó a trabajar a la semana siguiente en la librería de República Argentina y yo apenas tardé unas semanas en conseguir otro trabajo en la misma calle. Como sus horas de cierre y de hacer caja se dilataban tanto por costumbre de la casa, a menudo pasaba a recogerlo y llegué a conocer bien a los otros empleados.

Iban corriendo los meses y la señora de Burgos no dejaba de preguntarle por mí a la menor ocasión, a la par que se reiteraba en su promesa de hacerme sitio en

cuanto encontrara la oportunidad. Los compañeros de
Ángel, todos varones, licenciados y, algunos, fuertes
como pajaritos con algún hueso roto, solían bromear
con el tema y creo que habían hecho apuestas. Ninguno
de ellos arriesgaba el precio de una alcayata por que
cumpliera su palabra, pero yo jamás dudé de que lo
haría. Le había hecho gracia y le complacía la idea de
tenerme cerca. A pesar de mi juventud, ya sabía que
quienes habían apagado muchas más velas de cumpleaños que yo a menudo defendían con más bravura un
capricho que sus verdaderas creencias, si es que las
tenían.

A los pocos días de tener que renunciar a mi empleo
de entonces por razones que a esta historia no atañen,
estaba una tarde en casa sellando sobres con mi currí-
culum a la tinta de Olivetti dentro, cuando llegó Ángel
con una gran sonrisa y unos benjamines de cava.

—Que la señora de Burgos se ha enterado de que estás
libre, que vayas a verla mañana y que has ganado la
apuesta.

Yo ya conocía de primera mano las condiciones en las
que trabajaban. La tensión diaria, la ínfima o inexistente
tolerancia con el menor error o demora, el trabajo de
carga y descarga que hay detrás del libro de oferta y
de ocasión, los continuos y amanuenses cambios de precio, la avalancha diaria de novedades y pedidos a los que
había que dar entrada y salida (pues las devoluciones no
iban a la zaga), el plumero continuamente en mano para
defender los libros de su polvo, las horas extras porque
sí, las salidas al camino en tiempos de corredor keniata
(ya lo explicaré), la puesta en marcha de nuevas librerías
con el trabajo gratuito de nuestros domingos a cambio,

nada más, de un montadito de lomo y otro de melva. Las horas extras no se pagaban, sino que acumulaban días libres que se apuntaban con lápiz en una agenda cuya alma carecía de honor. De esos días, luego y por los más variopintos motivos o codicia empresarial, no se podía disponer. Quedaban atrás las Navidades, se estrenaba año viejo y los días libres seguían allí anotados, como presos perpetuos sin revisión ni piedad. Si enfermabas, solo de imaginar que tenías que pedir dos horas para que te atendiera un médico, contraías una segunda enfermedad que, casi siempre, reunía síntomas de incontinencia digestiva y debilidad mental. En justicia, la cadena pagaba puntual y levemente por encima del sector en la ciudad y, si no te ibas derecho a que un psiquiatra se ocupara de ti y te internara en algún lugar tranquilo, te hacían fijo enseguida.

Pero nada me parecía tan grave que no tuviese consuelo o remedio. Por fin, cincuenta y muchas horas de mis semanas, al precio de cuarenta, transcurrirían dentro de una librería y fui feliz, solo de anticiparlo, como pocas veces lo he vuelto a ser después.

Asunción

Al día siguiente, me presenté en la librería de Asunción y la señora de Burgos me explicó sus planes y condiciones para mí. En breve abrirían una nueva librería en la plaza de la Gavidia, de manera que, tras aprender el oficio con ella, luego pasaría a trabajar al lado de la estatua de nuestro heroico Daoiz. Empezaría cobrando algo menos que mis compañeros, unas veinte mil pesetas de diferencia al cambio de entonces, creo recordar, pero a los seis meses me igualaría el sueldo y a los dos años cumplidos, de ir todo bien, tendría un contrato indefinido.

En Asunción trabajaba otro empleado de modo que, al principio, tuve compañero. Pero me hice enseguida con la rutina diaria y a los pocos días lo envió a otra librería para sustituir a alguien, de donde ya nunca lo hizo regresar. Ella se sentía tranquila conmigo al frente de aquella y empezó a venir cada vez más al mediodía y casi al caer la noche para recoger las recaudaciones diarias de todas las librerías, que debían ser entregadas en mano en Asunción por sus encargados respectivos. Escuchándola aquel primer día, de pie sobre la moqueta verde, supe, como si eso fuera lo que me acababa de explicar, que nunca saldría de Asunción. Como ella supo la primera semana, viéndome descargar y transportar libros comida por los nervios y sin carretilla siquiera, que el deseo puede transformarse en una fuerza física enorme, entre otras cosas.

Aunque hasta ahora he hablado solo de la señora de Burgos, la propiedad de las librerías la compartía con su marido. Llegaban siempre juntos en un Lancia minúsculo y, tras aparcar, cada uno se iba para una librería. Ella no se solía mover de Asunción, él sí. Ella era temible con su sola presencia espiritual, él no. Él había sido, como descubrimos por las guardas de unos viejos libros que andaban al descubierto, censor eclesiástico en su juventud. Ella habría inventado la censura y la Sagrada Inquisición si no se les hubiera ocurrido antes a otros. Pero debo decir que nos llevamos muy bien y que llegué a apreciarla de corazón, pues va a ser cierto que solo quienes pueden ser odiosos pueden también llegar a ser amados o, al menos, inolvidables, lo que viene a parecerse mucho en el recuerdo.

Si ya sospechaba que el oficio de librero tiene un lado romántico muy frágil, allí pude constatarlo. Además de que los libros pesan (y algunos mucho) y ocupan lugar (que te lo tienes que inventar tú, alterando continuamente y para un momento, como Sísifo, secciones y orden alfabético), descubrí que pocas cosas pueden llegar a ser tan sucias si se lo proponen como un libro.

Hasta que te acostumbras, las manos se te cuartean por el polvo y, cuando este se deposita en las grietas, parece carbón. El reguero continuo de agua negra en el lavabo o, al acabar el día, en la bañera, es difícil de creer y hasta los mocos, al sonarte, hacen que te preguntes cómo serán las mismas excrecencias de un deshollinador, por pensar en alguien con un destino menos limpio que el tuyo.

En aquella librería de Asunción supe también lo que era despachar *best sellers*, experiencia que en la mía propia no llegué ni a rozar. Cada día podía vender fácilmente veinte ejemplares de *Los pilares de la tierra*, libro que en poco tiempo aborrecí con toda mi alma.

En el fondo del cajón del mostrador donde se guardaba la agenda en la que se anotaban los libros que había que reponer y los encargos de los clientes, clips y cabos diminutos de lápices moribundos (pues nada se tiraba), una bolsa de algodón estéril, un bote de alcohol de quemar para limpiar cubiertas, restos de gomas Milán y el típico trozo de cuerda que, nadie sabe cómo, acaba en el fondo de todos los cajones, había una fotografía en blanco y negro, sin enmarcar, dedicada por Ken Follett a la señora de Burgos. Entre los empleados, dimos por cierta la leyenda de que el mismo escritor tenía una fotografía de ella enmarcada en plata en la mesilla de noche de su casa de Londres con una lamparilla de aceite perennemente titilando por su buena salud. Menos no se merecía, la verdad.

—Quisiera un libro de astrofísica.

—*Los pilares de la tierra.*

—Quisiera un libro de amor.

—*Los pilares de la tierra.*

—Quisiera un libro de arquitectura.

—¿Cómo? ¿No ha leído *Los pilares de la tierra*? ¡Vergüenza le tendría que dar, ir construyendo por ahí chalés y rotondas! ¡Atrevido!

—Es que ya lo he leído.

—Pues *El puente de Alcántara*.

—¿De qué trata?

—De astrofísica, de amor, de guerra, de arquitectura... ¿Se aprende de todo, sabe?

—Y ¿es bueno?

—Para la librería, sí. Todos los libros de casi cuatro mil pesetas lo son.

Allí aprendí una lección que no supe valorar como hubiera debido hasta cerrar la mía propia. Las librerías no son un negocio, puesto que no tienen una rentabilidad económica que las haga merecedoras de ese título, pero están sometidas, sin embargo, a las mismas lesiones monetarias y tributarias que otros comercios. Pagas alquiler, suministros, mantenimiento, consumibles, impuestos, sueldos, seguros sociales y un número inagotable de gastos a cambio de un mísero treinta por ciento en el mejor de los casos.

Una librería no se parecía en nada a las que ahora conocemos y que ofrecen mucho más que la provisión de nuevas lecturas. Ni presentaciones, talleres, clubs de lectura, ni un poco de música, ni tomar un café; las librerías que ahora amamos las ha inventado la soledad moderna y la necesidad imperiosa de margen comercial. Una librería, entonces, desmerecía mucho si hacía fotocopias o vendía una pluma por muy Montblanc que se apellidara. Los bolígrafos se prestaban o regalaban a los desesperados de tinta sin que te viera la señora de Burgos, jamás se vendían. Las librerías abrían sus puertas por la mañana, descansaban a la hora del almuerzo y

daban las buenas noches a una hora decente, aunque
después el tiempo dedicado a hacer caja, entregarla en
mano, ruegos por nuestra parte (poder ir al médico, por
ejemplo) y protestas por la de ella (un precio marcado
sin IVA por error, por ejemplo) se eternizara. Quien
entrara durante ese horario lo hacía libremente y sin más
motivación que el noble acto de querer comprar un libro
para más tarde leerlo a solas. Si aquellas librerías pros-
peraron y abrieron muchas más mientras otras cerraban,
fue porque tenían muy claras algunas cosas:

1. La plusvalía del trabajador es vital. En salarios
moderados y horas extras, por supuesto.

2. El oxígeno del libro elegante lo proporciona el libro
cochambroso. El libro de oferta y ocasión, por irrisorio
que sea su precio final de venta, tiene un margen de
beneficios brutal. Una vez descatalogado, se considera
mercancía cualquiera y no está sujeto a la ley que pro-
tege en muchos países el precio fijo de los libros. Lo que
el cliente (que no necesariamente lector, como luego se
verá) compra por cuatro perras, le ha costado al librero,
que ahora sí es un comerciante, tres centavos.

3. El margen de beneficios se pelea y se lucha, cuerpo
a cuerpo y con sangre si esta es necesaria, solo a veces
por vicio. En mis primeros meses en aquella librería
muchas editoriales (muchos distribuidores en realidad,
que agrupaban varias) estaban castigadas. La guerra
podía consistir en un uno por ciento de más o de menos,
según el lado de la contienda, que a los empleados nos
parecía codicia y maldad, pero nunca hubiéramos sido
tantos ni habríamos tenido el sueldo y la nómina envueltos en una de las bolsas amarillas de la librería el primer
día de cada mes de no haber sido así. Mi querida Ana-

grama, como tantas otras, no se podía exponer en las mesas de novedades de Asunción. La guerra, hasta que alcanzaron un acuerdo, venía de lejos y aún duró un tiempo.

—¿Tienen el premio Anagrama de ensayo de este año?

—¿Ha leído *Los pilares de la tierra*?

Solo cuando el cliente desenfundaba su porfía y se disponía a marcharse de vacío, ya ganada la calle se le llamaba y, sacando el dichoso ensayo con gesto de prestidigitador de los bajos de la última mesa expositora, se exclamaba con fingida sorpresa:

—¡Uy, mira qué bien, acaba de aparecer un ejemplar!

A Ken Follett, donde quiera que estuviese en ese momento, le estaría dando un tic en un ojo. Como que llueve hacia abajo, que eso era así.

En la memoria de mis brazos guardo el peso exacto de las cajas de *Paula*, cuya compra se acordó al cincuenta por ciento. Si algún día a Isabel Allende, que lo dudo, le diera por querer ser mi amiga, le pondría como prueba de su amistad sincera arrastrar un carro lleno de piedras por mí, apenas unos metros. Luego la invitaría a cervezas en la Alameda e intentaría mejorarle la vida de estar eso en mi mano, pero del carro no la libraría ni Dios si quisiera personarse en su causa. Si no vendí dos mil *Paulas*, envueltas para regalo la mitad, previo transporte y desembalaje de las cajas de cincuenta ejemplares cada una, tampoco vendí una sola, me lo invento todo y resulta que estoy loca. El acuerdo con Plaza & Janés era el ejemplo que había que seguir. Al grupo Planeta también le costó tragar ese sapo, pero lo hizo. Como Les Punxes, como todos y como, al final y para alegría de quienes queríamos vender todo lo que entonces editaba Herralde, Enlace.

Y 4. Exprimir el punto uno hasta que el empleado suplique clemencia, se saque unas oposiciones, logre que alguien lo adopte o se rinda y abandone aunque no tenga nada mejor.

Ofertas, saldos y otras apariencias

El libro de oferta y ocasión tiene sus propios fueros y clientes. A veces, coinciden con el lector de fondo, manuales o novedades y otras veces, la mayoría, discrepan. Muy económicos y a menudo muy aparentes, creo que casi siempre se venden porque mejoran cualquier mueble y, en el caso de los clásicos, porque llevártelos a casa sin un desembolso digno de ese nombre es el primer paso de quién sabe qué si algún día le echas valor o la medicación te pide literatura de verdad. *Sevilla Universal* debía pesar tres kilos y *Crónica del siglo* XX casi cuatro. Costaban muy poco y creo que cubrieron, durante años, los regalos de compromiso de media ciudad. Si en Los Remedios un médico no recibía en Navidad media docena de cada libro de sus agradecidos pacientes, sería por tener muchos, ser muy competente en su especialidad y juntarse ya con la docena completa. Ellos, a su vez, los redistribuirían después entre sus abogados, sus gestores o los profesores de los niños, digo yo. Al servicio no, porque clases, haber, había, como les gustaba recordarte, no se te fuese a olvidar.

Recuerdo una colección interminable y muy económica que se vendía como si fuesen a prohibir su lectura de un día para otro. En pésimo papel, los libros se alabeaban para siempre con que les rozara el aire y salían ya de imprenta amarillentos y yo diría que hasta leídos. Las ediciones y traducciones (plagiadas, por supuesto) eran terribles, aunque se atrevían con absolutamente todos los clásicos de la literatura universal y por igual se vendía el *Guzmán de Alfarache*, que Kavafis, Balzac, Stevenson o Cervantes. Uno de los títulos que batía todas las distancias en ventas con respecto a los demás era las *Notas de cocina* de Leonardo da Vinci. Un buen día, apareció un señor para devolver su ejemplar.

—Miren, cuando iba por la página cuarenta y tres, vienen seis páginas en blanco.

—Qué raro, no se preocupe, que se lo cambiamos.

Los cuatrocientos libros en existencias en Asunción, tras el muestreo, se revelaron con la misma falta. Llamamos a las otras librerías con idéntico resultado: la edición completa traía ese error de imprenta. Éramos cuatro librerías vendiendo ese libro como rosquillas en una edición tarada. A la señora de Burgos le dio muchísima rabia tener que devolverle el dinero al señor en vez de hacer un cambio. Habíamos vendido cientos. Y los seguimos vendiendo, pues a falta de una edición corregida, todos los días llegaban clientes en peregrinación porque habían oído que teníamos las *Notas de cocina* de Leonardo por doscientas pesetas de aquellas y felices del hallazgo —acompañando la compra con los discretos pero visibles gestos que tiene la inteligencia entre iguales— se iban a sus quehaceres y a sus trolas. Con el tiempo, nos llegaron a devolver otros dos ejemplares.

Un libro es lo más fino que existe

En aquella librería fue donde me llegaron a pedir un día tres metros y medio de libros azul marino y verde clarito. Yo sabía que me iban a liar para nada, que muchos azules les parecerían grises, que algunos verdes serían muy chillones y que al final les molestaría que no fuesen idénticos y no comprarían nada. Todo mi empeño era que se marcharan antes de que llegara la señora de Burgos, a quien, por no perder la venta, no le hubiera importado que yo perdiera la razón.

—Es que son muy distintos los que puedo reunir. Mire, un poco más abajo, en la misma calle, hay una tienda de muebles que los tiene huecos.

—Ah, pues los compramos allí.

—No creo que los vendan, porque son de adorno para que los muebles luzcan más.

—Es justo lo que queremos nosotros.

—Claro, seguro que allí les dirán dónde pueden comprarlos. Son metros enteros de un solo libro, hueco por dentro y muy fácil de limpiar. Pero no se nota, pues parecen muchos libros juntos. Clásicos, además, que no pasan de moda. Y no atraen polvo, que el papel es malísimo para las alergias.

—Y ¿dices que están huecos?

—Completamente. Hay quienes los usan de caja fuerte o para esconder pruebas incriminatorias, ya saben.

—¡Qué buena idea! Vamos, Rodrigo. Muchas gracias, es usted un primor.

Pero es innegable que en una librería te relacionas con el lado soleado de la humanidad. Si leer no hace más feliz, sí nos hace más sensibles, respetuosos y gentiles, que no es poco. Podían pasar los días sin tratar con una sola persona capaz de un gesto hostil o de mal gusto. Cuando leías el periódico, escuchabas las noticias o esperabas tu turno en la cola del banco o del supermercado era fácil llegar a la misma conclusión: muchas de esas personas no leían nada, leían poco, leían mal o leían un único libro. Uno muy religioso, casi siempre.

Tampoco era insólito que, por esas efímeras compañías que proporcionan las circunstancias del momento, ya fuera un almuerzo de trabajo, una misa de difuntos o una posterior visita al notario, aparecieran parejas desiguales. Mientras uno de los dos aprovechaba su paso por delante de la librería para escoger cinco o seis libros y abonarlos con esa expresión inconfundible que delata la congoja por no poder llevarse veinte más, su acompañante podía decir, sin que la tierra se abriera ni temblara:

—¡Cuántos libros! A mí también me encantan las librerías y es que no puedo dormirme sin leer antes aunque sea un poquito, por muy cansada o cansado que esté, ¿sabes? Llevo un año con *Los renglones torcidos de Dios* y no me puede estar gustando más. Cuando se me acabe, tengo que buscar otro libro inmediatamente. Pero que sea tan bueno, va a ser muy difícil.

En verdad os digo que hay almas tan inocentes por el mundo que, cuando las encuentras, no sabes si pedirles matrimonio o denunciarlas.

Libros azules de Gredos y libros blancos de Cátedra

Una tarde apareció por primera vez por la librería quien luego sería un cliente muy asiduo, pues empezó a venir casi todas las semanas. A este señor le había tocado la lotería y vivía cerca. Aunque no dijo cantidad, como si fuera culpable de que el azar no tenga la menor relación con la justicia, lo confesó con vergüenza. Debía ser bastante, pues se había encontrado con todo su tiempo en propiedad para dedicarlo a lo que quisiera el resto de su vida, si administraba el premio con prudencia y no lo invertía en sellos falsos. Decidió, sin formación previa, ya que no era un hombre muy culto, leer íntegra la Biblioteca de Clásicos de Gredos. Como le angustiaba la idea de tenerla entera y de golpe, además de parecerle un desperdicio (como pobre que había sido hasta dos días antes) morirse de repente dejando tanto por leer y tan caro, me los iba encargando por orden numérico del catálogo y de tres en tres. Cuando le quedaba uno por leer, me encargaba los tres siguientes. Como muy tarde eso ocurría cada diez o quince días y, a veces, antes.

—Es que yo no soy inteligente —se disculpaba— y no consigo aprender nada de una novela, ya quisiera.

El pobre solo entendía algo, decía, con Homero, Cicerón, Ateneo, Aristófanes, Tácito, Heródoto, Ovidio, San Agustín o Apuleyo. Y me confesaba que era emocionante ir de sus manos. Todos estos años me he seguido acordando de él. Bendito sea.

Tampoco he olvidado a una señora que me hizo sentir como nunca hasta entonces la importancia que tenía realmente el empleo en el que tanto me había empeñado. Esta señora era limpiadora del hogar, aunque en Los Remedios aún se las llamara sirvientas. A menudo, acabadas sus jornadas y poco antes del cierre, se acercaban a la librería. Algunas, como sus señoras, eran de Rosamunde Pilcher y las conchas. Otras, como sus empleadoras, preferían a Danielle Steel y los diamantes. Pero todas se dejaban medio sueldo en una colección infame de Vergara que se llevaba la palma en reposición, también gracias a los caudales de sus jefas. No eran de amor y lujo, eran de estropicio al principio, consenso al final y, en medio, lo de siempre: un pobrecito escritor con seudónimo que siempre contaba la misma catástrofe llena de peripecias, desventuras y humillaciones que, vete a saber cómo, acababan por conducir al amor verdadero a prueba de familias políticas. Las cubiertas eran ilustraciones de una pareja bastante desarropada. Él era un pirata, o un príncipe, o un señor feudal o un aristócrata, aunque abundaban más los primeros y los mástiles un poquito fálicos y subliminales. Ellas casi siempre eran criadas, esclavas, institutrices, fulanas por circunstancias lamentables pero de moral intachable o, de nuevo, criadas. Tan guapas como harapientas y sin la sombra de barba que siempre lucían sus compañeros de portada porque se ve que nunca se acordaban de llevarse al barco los avíos de afeitar. El caso es que se conocían, ellos siempre estaban a punto de violarlas o de venderlas a alguien que pensaba hacerlo pero, al final, se amaban y se casaban en gananciales.

A mí me daba mucha pena que estas señoras, con el coraje que debe dar limpiar las entropías ajenas, le estuvieran comprando entre todas un chalé tan grande al dueño de Vergara, aunque también veía la ilusión con la que esperaban la llegada de las novedades, siempre del mismo libro. Una de ellas (no sé por qué, algún gesto o parecido, supongo) me movía a la ternura un poquito más que las demás. Un viernes por la tarde, como de costumbre, apareció buscando su consuelo para el fin de semana. La vi muy indecisa, cosa rara, entre varios títulos.

—¿Me permitiría usted que le recomiende algo?

—Claro.

Cuando vio que me alejaba de la mesa de novedades donde siempre se abastecía, pude sentir su espanto. Yo estaba alcanzando, con la ayuda de la escalera, un libro solitario de un estante vertical que, como bien saben hasta quienes creen ignorarlo, son como el día y la noche al gregarismo de las resmas apiladas. En sus manos puse un ejemplar de *Orgullo y prejuicio* en una edición de Letras Universales de Cátedra. Ella dio un paso atrás aunque, al menos, lo sostuvo.

—Pero yo esto no lo puedo leer.

—¿Por qué?

—Mi sobrina estudia en la universidad y tiene libros blancos como este. Me ha dado usted un libro para universitarios.

—En absoluto. Mire, el estudio crítico llega hasta esta página, donde le pongo un marcador. El libro empieza aquí, ¿ve? No tiene que leer lo anterior, nadie lo hace. Estas notas a pie de página, en letra más pequeña y más finita, tampoco tiene que leerlas si no le apetece, no se dará ni cuenta. Las ponen para lectores como su sobrina, quienes, la mayoría, también las pasan por alto. El libro es muy divertido, emocionante y está muy bien escrito. Si lo empieza y no le gusta, lo único que tiene que perder son dos días viendo la televisión, leyendo revistas y pensando mal de mí. Me lo trae usted, que yo se lo cambio. Si lo hace cuando no esté presente la señora de Burgos, me hará un favor, eso sí.

Con cara de estar haciendo muy mal negocio, se lo llevó. El lunes vino y me envolvió con aquel abrazo que nunca me he desabrochado.

—¿Pero usted sabe lo que ha hecho? Que no lo he leído, lo he devorado. Ay, ese Darcy, ese Darcy... Qué fin de semana más bueno. Y que yo haya leído un libro como los que estudia mi sobrina. Eso es lo que hace la granuja, ¿verdad? Pasarlo bien. Si a usted no le importa, a partir de ahora yo vengo, le digo el dinero que traigo y usted me da lo que le dé la gana. Gracias, de verdad, que no se figura lo que ha hecho conmigo.

Nietzsche y el sexo

En aquella librería también vendí muchos ejemplares de una novedad que debió significar mucho para no poca gente. Se trataba de *El gran libro del sexo*, de Anne Hopper. En tapa dura, con sobrecubiertas y dadivosamente ilustrado con fotografías, en España significó casi una revolución. Me sorprendió mucho la necesidad y falta de pudor con la que compradores de todas las edades y ámbitos sociales o culturales venían a comprarlo. Clientes que preferían mandar a alguien de confianza o que se aprovechaban de la inocencia ajena para adquirir un ensayo político de determinada tendencia muy acusada, no tuvieron ningún sonrojo en venir corriendo y en persona a por el libro de la Hopper.

Como todo el que se aleja de su propia juventud, tiendo a creer que *antes* la vida era más cándida. Supongo que el interés por el sexo no ha menguado ni aumentado desde entonces, aunque sí las modas a las que, como todo, parece estar sujeto. Hoy en día internet satisface de un modo más discreto y económico esa sed e incertidumbre. La señora de Burgos, dado el precio del libro, que alegraba la caja fácilmente, no tenía ningún problema en que se vendiera en Asunción, aunque, por encontrarlo poco elegante en su portada y dar su venta por segura (como los supermercados hacen con la leche, la cerveza o el azúcar), había dispuesto que se expusiera en la última mesa de novedades, la del fondo. El caso es que ese libro tenía en exclusiva tres *voyeurs* muy especiales. Todos los sábados por la tarde, desde que lo recibimos en novedad, aparecían por la librería tres niños de unos nueve o diez años, no más. Yo solía estar sola en la caja, a la entrada y, muy bien educados, me daban las buenas tardes al pasar aunque sin casi percibirme. Se iban derechos hasta la pila objeto de su interés y allí, durante un buen rato, sus aplicadas siluetas se entregaban al estudio. A mí me encantaba observarlos de lejos y procuraba no molestarlos, de manera que de tener que colocar libros o hacer cambios de precios donde ellos estaban lo dejaba para cuando se marchaban.

Los tres amigos no podían ser más discretos ni menos invasivos en su consulta. Nunca hablaban ni hacían bromas, tampoco fatigaban las páginas e incluso se turnaban en sus posiciones. Aunque muy juntos, hombro con hombro, estaba claro que la ubicación del que caía en el centro era la preferente y que al de la derecha le correspondía ir pasando las páginas a un leve gesto de los otros dos, de modo que, con la elegancia que deseo hayan querido y sabido conservar durante los años transcurridos desde entonces, cada cierto tiempo se turnaban en sus puestos. Al cabo de unos veinte minutos, no creo que llegara a la media hora, pasaban de nuevo ante mí.

—Adiós, buenas tardes. —Y, evitando mirarme, se marchaban como un solo aprendiz de adulto.

Un sábado, al abrir la librería por la tarde, me acordé de ellos presumiendo su visita con la misma seguridad con que sabía que los banqueros se lucran con tu necesidad y decidí, por divertirme un poco yo también, esconderles los libros. A eso de las seis, no se hicieron esperar.

—Buenas tardes.

—Buenas tardes, chicos —y enfilaron la mesa de su apego.

Desde el mostrador vi cómo, descubierta la desaparición fulminante de los libros, no daban crédito a su desgracia. De reojo y sin girarme los espié, frenéticos aunque en el silencio acostumbrado, dar vueltas a la mesa de novedades, que no era pequeña. Se reunieron, juntaron las cabezas, no sé qué se dijeron y demostraron tener buen perder pues, abatidos y entrelazados, pasaron ante mí para marcharse.

—¿Puedo ayudaros en algo, chicos?

—No, no.

Con un hilillo de voz muy triste, me había respondido uno de ellos.

—¿Buscáis algún libro?

—No —dijo otro—, solo estábamos mirando, ya nos vamos.

De pronto, el tercero se irguió hasta parecer doblar su tamaño habitual, sujetó a los amigos por los hombros, indicándoles con un gesto muy leve de la cabeza que lo dejasen a él y me encaró.

—Sí, buscamos un libro. ¿Tiene *Eche humo*, de Nizche?

Los amigos lo miraron como a un héroe de otros libros. Yo también.

—Claro. ¿Me acompañáis?

Y me dirigí hacia el fondo de la librería.

—Bueno, con saber que lo tiene, ya volvemos otro día, que hoy no traemos dinero.

—No importa, os lo alcanzo y así os digo el precio, que no me lo sé.

Los llevé de nuevo hasta la última mesa, donde casualmente, en el estante más cercano, estaban los libros del prusiano. Allí les ofrecí el título demandado y, sin que me vieran, mientras pasaban páginas de Nietzsche, qué pena, saqué los libros de su interés del escondite y les hice sitio en la mesa, retirando otros. Cuando al girarse los descubrieron, su asombro hizo que me preguntara qué es lo que realmente vieron los pastorcillos de Fátima.

Al camino, Bel

Cuando en las librerías nos pedían algún libro y no lo teníamos, llamábamos a la librería más cercana de la misma cadena, con orden de no decirle nunca al cliente a dónde telefoneábamos, para poder presumir de un inexistente almacén que nos dio mucha fama. Si tampoco lo tenían, a la siguiente en distancia. Ya fuese porque el fondo de algunas era excelente, por la celosa labor de sus encargados, por recursos económicos o por una solvencia exigiendo confianzas y depósitos a los distribuidores por parte de la señora de Burgos que hubiera envidiado Churchill, era muy raro que no pudiéramos facilitar el título solicitado. Nuestra librería, siendo más grande que algunas de las otras, por lo de los vetos a infinidad de sellos editoriales, que se llevaban con el mismo rigor con el que los secuaces de Torquemada elegían los libros que debían ser entregados al fuego, era la que con mayor frecuencia tenía que solicitar libros a las demás. Eso sí, si alguna vez les fallaban las existencias de Ken Follett, nos telefoneaban a nosotras y me daba muchísima rabia.

—¿Tienen el último de Félix de Azúa?

Nunca lo habíamos tenido.

—Qué casualidad, se acaba de vender, ¿ha leído *Los pilares de la tierra?*

—No, ni pienso.

—Qué pena lo de su úlcera, sé lo que es.

—Señora, que yo no tengo úlcera.

—Pues debería, vaya manera de responder.

—¿Cómo?

—Nada, que ahora mismo llamamos al almacén y en tres minutos tiene usted el libro.

No era una forma de hablar. Tres minutos de reloj. Y la corredora era yo.

—Bel, al camino.

Y muy bajito, solo para mis oídos, aunque sin privarse ni una sola vez del placer de su sonido, como si pensarlo le pareciera poca cosa, añadía:

—Perdiendo el culo.

A mí, por perderla tres minutos de vista y por fumar, me encantaba salir al camino. Casi siempre era con la librería de República Argentina y el encuentro se producía en la calle Niebla. Cuando no, era con la librería de la avenida de la Constitución y el encuentro debía producirse a mitad del puente de San Telmo sobre el Guadalquivir, sus piragüistas, el reflejo dorado de la vieja torre vigía en el agua y la eterna disputa de sus palmípedos contra unos peces más grandes que ellos por los trozos de pan que siempre andaban flotando.

Seis minutos, como si yo fuera un galgo y hubiera apostado toda su fortuna por mí en un canódromo, me concedía entonces. El problema estaba en que mis compañeros, lejos de su vigilancia y su cronómetro, no tenían mi necesidad de salir como una bala de su escopeta y muchas veces salían tarde y hasta se les olvidaba, lo que me obligaba a llegar hasta la librería que fuese. Más tarde, no me libraba del interrogatorio en lo que concernía a mi tardanza y, como me negaba a acusarlos y dejarlos en evidencia, aunque a ellos los llamara por penosos epítetos cuando los tenía delante, me tenía que inventar mil historias.

—Es que por el camino le ha dado un infarto a una señora y le he tenido que hacer los ejercicios de reanimación que aprendí en un cursillo.

—Hija, vales para todo.

—Es que un señor no podía subir la cancela de su tienda y lo he ayudado.

—Espero que fuese mayor y no un flojo.

—Es que me he encontrado con la marquesa de Pitiminí, me ha preguntado si ya ha entrado lo último de Alfonso Ussía y se ha enrollado.

—Lo que no te pase a ti…

—Pues sí, cabrones —esto último solo de pensamiento, claro.

Algunos días me los pasaba en el camino y, tanta carrera, ni me compensaba el placer de los cigarrillos ni de que me diera el aire, por lo que cuando al caer la tarde aparecía alguien pidiendo lo último de Verdú o Trías de Bes, yo los odiaba con toda mi voluntad. Al escritor y al lector, a los dos, que así de mala puedo llegar a ser.

—Bel, al camino. Perdiendo el culo.

Ganas me daban de convencer a quien fuese de las bondades de *Los pilares de la tierra* aunque jamás lo hice y, si resulta que es cierto lo del Juicio Final, pienso aportarlo como prueba a favor de que mi alma, teniendo buenas razones, nunca se echó a perder del todo.

Todos los ladrones no son iguales

La señora de Burgos, muy satisfecha con mi capacidad de trabajo y mis aptitudes naturales para el mismo, me ponía de ejemplo ante otros compañeros un día sí y al rato también. Esto me resultaba de lo más inconveniente ya que, hasta entonces, esa propaganda la había reservado para los chivatos y serviles, y por más que yo demostrara que veía, oía y callaba, los miedos siempre corroen. Solía emplear, para resumir mi supuesto hallazgo, un término que yo no sabía que era futbolístico: *crack*. A mí me sonaba fatal, pero resulta que no quería decir que yo le pareciera fácil de romper, sino justo lo contrario.

Celebraba mucho también que me fuese ajena la cobardía a la hora de perseguir ladrones de libros; pero es que trabajábamos bajo mucha presión y, como me resultaba muy práctico para convertir la adrenalina en sedación postrera, ni siquiera reparaba en la posibilidad de que me pudieran partir la cara bajo los soportales de la plaza de Cuba. Así, cada vez que un toxicómano de mirada desencajada y piel fría nos robaba algún ejemplar de *Sevilla Eterna* —que se ve que tenía fácil salida en sus trapicheos y de no tenerla, con la ayuda de cuatro patas, conseguiría una mesa muy estable—, yo me lanzaba en su persecución sin dudarlo un instante aunque me doblara en tamaño. Cuando por fin lograba dar alcance al ladrón, este había conseguido ya una bolsa donde meter los libros robados o quizás, siempre me lo pregunté, la llevaba plegada en algún bolsillo. El caso es que, apenas sin resuello por la carrera y la medrana, sujetaba con una mano un asa de aquellas bolsas mientras con la otra, igual que los polis en el cine, alzaba mi horrible tarjeta y decía con toda la convicción que me prestaba el miedo: ¡Seguridad!

Algo bueno tenía que tener que nos obligaran a prendernos de la pechera aquella indiscreta cartulina con nuestro nombre de la que tanto renegué, pero que me parecía el único recurso a mi alcance que podría inducir a temer (a alguien muy drogado, claro) que esa chica tan delgada y nerviosa que te estaba persiguiendo podía ser una experta en artes marciales.

La señora de Burgos sabía que no me preocupaba ni mucho ni poco la buena salud de sus excelentes finanzas y que era aquella mi manera de huir algunos días, pero como siempre le recuperé los libros porque poca gente se atreve a batirse en duelo con una cartulina, le parecía muy bien y mejor le venía.

En cambio, si quien nos robaba lo hacía para leer o por la manía de no gastar en ello y era muy mayor (como aquella ancianita que me recordaba a miss Marple y, sin apenas disimulo, nos descuidaba novelas de misterio de dos en dos), le cubría con mi cuerpo para que la señora de Burgos no se diera cuenta. Aún a día de hoy sigo preguntándome cómo había logrado aquella señora alcanzar su edad sin pisar la cárcel, con lo poco dotada que estaba la pobre para el delito, ya que no cerraba bien su viejo bolso y se veían los libros. Pero tratándose de hurtos, la señora de Burgos podía presumir de un vastísimo vocabulario que humillaba de veras a quien lo merecía y no le hubiera tenido en cuenta el bastón, ni el pelo azul, ni el broche de brillantitos, ni que se hubiera pintado las cejas mientras tosía, ni nada.

Tampoco todos los viajes son iguales

Los Remedios es un barrio relativamente joven y, según los cánones estéticos de cualquier cultura, feo con avaricia. Trazado con escuadra y cartabón, casi toda su antigüedad y solera se remonta a los años cincuenta. Al estar pegado al río, era malo para el reúma, para todo lo relativo al bienestar e insoportable en cuanto a la querencia que los mosquitos le tenían y, supongo, le seguirán teniendo. Pero es un barrio amable donde yo he vivido y trabajado muy bien y hasta he sido feliz. Primero llegaron los bloques bajos de quienes tuvieron que apechugar con su humildad en los pisos pequeños y subvencionados de la calle Niebla y adyacentes. Más tarde, aunque enseguida y por esos arabescos que parecen gustar tanto al destino, el barrio fue tomado por los apellidos con pedigrí de Sevilla, ya que muchos aristócratas, amparados por unas leyes urbanísticas que dejaron desamparado el centro histórico, vendieron sus palacetes a sabiendas de que iban a ser carne de piqueta para hacer ensanches y se mudaron a vivir a pisos enormes y modernos en calles sin historia.

El barrio, lo que me maravillaba cada mañana, no carecía de personalidad ni la ha perdido y hasta tenía su propia fauna, que defendíamos entre todos con el cariño y éxito desigual con el que luego hemos protegido a los linces ibéricos. En Los Remedios encontrabas las mejores tiendas de Sevilla en moda, complementos, decoración, perfumería fina, ropa blanca (sí, como en las novelas de Baroja), vajillas de La Cartuja, bombonería belga, especialistas en trampantojos, restaurantes divinos, cuatro salas de cine con buena programación y, menos carnicerías o pescaderías, cuanto quisieras. Pero olía a Avecrem y quienes solo trabajábamos allí nos dábamos cuenta de que fingir sus maravillosas vidas les suponía a muchos un nivel de gastos tan elevado que les impedía comer proteínas a diario. Eso sí, para hablar del suelo que ellos nunca limpiaban personalmente, utilizaban palabras tan bonitas como taracea. Descubrí que había oficios, el de los acuchilladores por ejemplo, que dependían casi en exclusiva de la demanda de ese barrio. También aprendí que, en general, se dedicaban a mantener en su esplendor esos pisos taraceados y acababan demasiado cansados como para matar a nadie. Nunca vi a nadie con sobrepeso, por lo que puedo asegurar que el caldo hecho con pastillas no engorda nada.

Uno de los personajes que teníamos en el barrio era José Luis. Llegué a saber que vivía con parientes, creo que con un hermano y su mujer, en Nervión. Pero estos se iban a trabajar muy pronto y, a la misma hora en que se marchaban, lo ponían a él en la calle. Igual no confiaban en encontrar en un estado habitable la vivienda a su regreso, podría ser. El caso es que por muy temprano que llegara yo al barrio (y a menudo lo hacía, pues más tarde era difícil aparcar y prefería desayunar tranquila), ya me lo encontraba dando vueltas.

—¿Me invitas a un café con leche, maja?

A las seis de la mañana lo veían llegar a veces. Y hasta las nueve de la noche lo podías saludar por Virgen de Luján, República Argentina, Salado o Asunción. Siempre educadísimo e interpelando a todo el mundo con su única canción.

—¿Me invita a un café con leche, don Pelayo?

Nadie le negaba el café, por supuesto, y me temo que bien pudiese tomar cada día una docena y quedarme corta. Nunca lo vi comer nada. Durante todo el año, hiciera muchísimo frío, que junto al río se notaba más, o cayera el mes de agosto sobre nuestros pecados, iba vestido igual; con una cazadora vaquera forrada de borreguito blanco. Solo durante unos cinco meses del almanaque no movía a la compasión su vestimenta, ya fuera por excesiva o por ausente. Nadie sabía tampoco la edad que podía rondar José Luis, pues es verdad que quienes no viven envejecen a otro ritmo. Se mueren igual, no digo yo que no, pero la vida no los ha desgastado por fuera y es muy difícil intentar calcularles los años cumplidos.

Se daba por cierto algo que cuando yo era joven no era raro de oír, aunque también ha pasado de moda y ya no sucede tanto: que José Luis era muy inteligente, estaba terminando la licenciatura en Matemáticas, era lo que se dice una eminencia en no recuerdo qué disciplina, la típica mente prodigiosa y, de pronto, un día hizo clic y se paró. Como un reloj. A mí nunca me preocupó que me sucediera lo mismo porque no soy tan inteligente. En cambio, me sigue dando miedo que me dé un aire y quedarme torcida, que eso le podía pasar a cualquiera aunque, menos mal, parece que tampoco se estila tanto como antaño.

Rara, muy improbable, era la tarde que José Luis no entraba en la librería de Asunción si veía que yo estaba sola. Aunque debo decir que la señora de Burgos, como todo el barrio, también lo estimaba; nunca molestó a nadie y hubiera podido dedicarse a dar clases de prudencia. Tonto tampoco era, que a ella no se le ocurría pedirle un café con leche.

—Buenas tardes, maja.

Todos los días y especialmente en los meses vacacionales, pues no existía esa impertinencia del GPS, hacíamos una buena recaudación solo con las guías rojas *Michelin*, las guías verdes *Michelin* y los planos *Michelin*. También con las guías *Repsol*, que eran más económicas. Sobre todo, si no te importaba llevarte muy rebajada la del año anterior; total por cuatro carreteras nuevas, que no eran cuatro, porque era la época en que Felipe González se hartó de regalarnos carreteras que luego resultó que nos las había prestado Alemania, pero bueno.

—Buenas tardes, maja.

Y se iba derecho para la sección de viajes, a mi izquierda y muy cerca del mostrador. Cogía el plano *Michelin* de Europa, lo desplegaba sobre la primera mesa de novedades y, sin volver a despegar los labios, siguiendo carreteras con un dedo lentísimo se estaba un buen rato, ensimismado. A la media hora o así de sus viajes, lo volvía a doblar con cuidado, lo dejaba en su sitio y se despedía.

—Adiós, maja, buenas tardes.

—Hasta mañana, José Luis.

Este ritual invariable se repitió casi cada día durante muchos meses. Una tarde, antes de que llegara aunque esperándolo, me volví a caer de uno de esos caballos de mi Damasco particular. ¿Cómo no me había dado cuenta antes? Si alguien sobre la Tierra merecía tener ese plano en propiedad era José Luis. Si alguien sobre la Tierra era testigo único y privilegiado de esa injusticia, era yo misma. Una insensible y una fiera corrupia es lo que yo era, por adjetivarme con caridad. La verdad de José Luis, tan evidente, me pasaba por los ojos cada día sin que hiciera nada por cambiarla. Él jamás se había interesado por el precio del plano, aunque estaba marcado en media pegatina (porque la señora de Burgos nos obligaba a cortarlas por la mitad para ahorrar), de modo que no sabía cómo me las iba a apañar. Lo que era tan seguro como que el amor caduca es que ese día José Luis se iría con su plano a casa. Ya me las maravillaría yo.

Pero José Luis no vino. Ni esa tarde, ni esa semana, ni en los meses que siguieron. Llegué a soñar con él, a rezar por que volviera no, pues aún no me había brotado este misticismo mío que no sé si disfruto o padezco pero, a atormentarme, sí. Y mucho. Me dolía mi lentitud, que me parecía irreparable. Tampoco me parecía justo que si yo había visto la luz y había querido reparar mi error, no se me concediera esa gracia. Era como si algo, desde muy arriba, me dijera: lo sentimos, haber espabilado antes, no hay más convocatorias para ti, las agotaste todas.

Pero una tarde en que estaba sola, cuando ya no lo esperaba, como sucede con todo lo importante pues nunca hierve la leche mientras la vigilas, volvió a entrar. No dio explicaciones. Como si hace siglos fuese ayer.

—Buenas tardes, maja.

Qué nerviosa me puse. Venía con la cazadora forrada sin la que nunca lo vi y, como siempre, se fue derecho a por su plano, desplegándolo como de costumbre y recorriéndolo con el índice diestro.

Cómo hago yo ahora para que se lleve el plano, me decía, que seguro que el hijo de puta que coordina esta locura no le va a dar más plazos a mi torpeza. Entonces, José Luis plegó el mapa, vino hacia mí y contra toda costumbre, mirándome fijamente, como quien quiere soplar una lección a un compañero con la mente, me preguntó:

—¿Cuánto cuesta, maja?

Sentí que todas las nubes del cielo se abrían de repente y querubines jaleosos me coreaban la respuesta. El plano costaba novecientas noventa y nueve pesetas.

—Cien pesetas.

—Aquí las tienes. ¿Me das una bolsa?

—Claro.

—Muchas gracias, maja.

—A ti, José Luis.

Y se marchó. Yo no me puse a bailar porque siempre he sido arrítmica y porque, si en ese momento hubiera aparecido la señora de Burgos, no me hubiese faltado más, pero me consta que no hubo esa tarde en Sevilla quien pesara menos que yo. Inmediatamente, y esto os lo prometo que lo hice, no ya por honradez, que también, sino porque para mí era muy importante ajustar las cuentas con todo lo invisible, entré en el cuarto de baño que también hacía de cuarto para todo y donde dejaba mi bolso. Cogí las ochocientas noventa y nueve pesetas que faltaban y las marqué en la caja junto a sus veinte duros. Qué bien dormí esa noche.

A la tarde siguiente, a la misma hora que solía, apareció de nuevo José Luis y se plantó ante mí. Me extrañó que no siguiera hasta la sección acostumbrada.

—Buenas tardes, maja. Vengo a por otro mapa de Europa de esos de cien pesetas.

Yo no entendía nada porque, además, algo en él había cambiado. Sin llegar a ser áspera, sí había algo de dureza en su voz. También de condescendencia, como en ocasiones se le habla a un débil de la índole que sea.

—No lo entiendo, ¿qué ha pasado con el de ayer?

—Ah, se lo he vendido a mi hermano Emilio.

Y su voz tenía el eco de la de los hombres de negocios. Le dije que lo sentía mucho, pero que de ese precio solo teníamos el que él había comprado y que los demás costaban bastante más, como sabía perfectamente.

—Bueno, pues nada, maja, mala suerte.

Y se fue. Al día siguiente, le agradecí que me pidiera un café con leche en el bar de la esquina como si nada. Aunque nunca supe si el episodio nos humillaba a ambos o nos condecoraba a los dos, sí coincidimos en cubrirlo de silencio y casi cada tarde, hasta que yo dejé Asunción, siguió viniendo a conducir por aquellas carreteras que le pertenecían por derecho y llegaban a Roma sin necesidad de moraleja.

Por temeraria

Creo que aprender bien pronto que el ejercicio de la prudencia no tolera distracciones es una de las reglas que más situaciones incómodas nos evitará a lo largo de la vida. Si no pensáis lo mismo, mirad este día cualquiera en el que, a media mañana, entró una señora por la puerta de la librería.

—Buenos días, ¿tiene *Anillos para una dama*?

—Claro, aquí está.

—Pues qué bien, porque vengo de la librería de El Corte Inglés y me han mandado a la sección de joyería.

Apenas unos minutos después, entró un señor mayor, muy elegante y con sombrero.

—Buenos días, ¿tiene una bolsa?

—¿*Una bolsa*? ¿De quién?

—¿Cómo?, no la entiendo.

—¿Es teatro?, ¿novela?, ¿economía?

—No, una bolsa de la librería, que me he cansado de llevar el sombrero y lo quiero guardar.

—¡Ah!

Un rato más tarde, entró otro señor.

—Muy buenas, ¿tiene planchas?

Aunque estaba segura de que podía permitírmelo, me negué a comportarme con temeridad. Teníamos, además, una colección de obritas teatrales cuyos títulos podían ser cualquier cosa y a duras penas los controlaba.

—¿*Planchas*? ¿Tiene más datos que el título?

—¿Qué título ni gaitas? ¡Para planchar la ropa!

E hizo con el brazo el gesto de planchar, por si yo era tonta de veras y tampoco lo entendía. Casi se cruzó al salir con otro señor mayor que entraba y, en la primera mesa de novedades, se interesó por un título de Antonio Gala, quien, en aquellos años, no dejaba de dar páginas a la imprenta y convertía en oro cuanto tocaba además de procurarme más historias de las que puedo contar.

—¿Cuánto cuesta este libro?

—Dos mil pesetas.

El señor se quedó tal y como estaba, muy pensativo, aunque sin dar a entender nada más. Los minutos iban pasando y yo no sabía qué hacer.

—¿Quiere hojearlo?

Se lo tendí.

—No, no, muchas gracias.

Cada vez más meditabundo, se acariciaba el mentón y parecía estar muy lejos. Finalmente, notando mi desconcierto, aclaró:

—Verá, es que me lo acaba de regalar mi yerno y, tanto por el contenido como por el precio, no acabo de deducir cuánta estima me tiene, si es que me tiene alguna.

—Pues sí. Ya lo siento.

Ese mismo día, entró por Asunción una pareja de amigos, ancianos los dos, que parecían salidos de un párrafo de Dickens. Me pareció que llevaban tiempo sin verse ni contarse, pero mantenían intacta su afinidad de antaño. Uno de ellos iba cogiendo de las mesas de novedades, mientras charlaban de esto y aquello, diversos libros para abonar a la salida.

—¿Cómo lo haces? —le preguntó el amigo.

—¿El qué?

—Pues tener dinero para tus cosas.

—¿No te alcanza la pensión?

—No es eso, pero en casa me lo administran todo y no puedo tocar un real sin permiso ni discusiones. Nada, ni para tabaco.

—¿Y la prensa?

—Isabelita dice que la lea en el bar, pero no me da ni para el café, no sé cómo quiere que lea allí el periódico. Y te veo a ti, comprando tantos libros...

—Yo tenía el mismo problema que tú, pero lo he solucionado. Ha sido muy sencillo.

—¿Sí? ¿Cómo?

—Pues, verás, hice un curso de fotografía y de revelado en blanco y negro. Luego, cegué una de las habitaciones que se nos han quedado vacías con la ida de los chicos y monté un laboratorio.

—¿Te gusta la fotografía?

—Sí, bueno, prefiero leer y otras cosas.

—No te sigo.

—Es bien fácil. En esa habitación tengo una butaca y una caja de puros con un cartel pegado. En el cartel he escrito: No abrir, se vela. Cuando cobro la pensión, antes de entregarla a Carmencita, meto ahí para mis gastos del mes. Nadie abre la caja, claro. Y nadie me molesta tampoco cuando paso horas dentro. Leyendo, casi siempre.

—¿Has montado un laboratorio fotográfico en tu casa para leer tranquilo?

—¿Te parece mucho esfuerzo para la recompensa?

—¡Qué dices, yo iría a China andando!

Esa misma tarde, casi echando el cierre, entró otra señora.

—Buenas tardes, ¿tiene papel mojado?

En aquellos años, ciertas manualidades como el papel maché o los estarcidos estaban muy de moda y vendíamos muchos libros especializados. Pensé que podría tratarse de algo relacionado con la primera y que esta vez no corría el menor riesgo de ser una imprudente y quedar en evidencia, como los advenedizos de El Corte Inglés.

—Verá, eso lo tendrán, supongo, en papelerías.

—Pues es una novela de Juan José Millás.

Así era y, para colmo, la teníamos.

Ah, le tabac, le tabac...

El número de nuevas librerías que la señora de Burgos y su marido abrían sin fiesta de inauguración ni tonterías de clase alguna crecía al mismo ritmo vertiginoso que suele ser la norma en los años que preceden a las crisis. A ella le gustaba enviar conmigo a Asunción a los nuevos empleados para que los formara yo en sus primeras semanas y también quiso que, junto con el encargado de República Argentina, me ocupara de tamizar en una primera entrevista a aquella larga cofradía de aspirantes a la esclavitud libresca; licenciados en Geografía e Historia casi todos. Por entonces, resolví que el agua de los grifos de esa facultad disminuía las ganas de preparar oposiciones, aunque pudiera ser que mi conclusión fuese espuria y se debiera a otras variables, pues compartían cañerías con los estudiantes de Derecho, Filología e Historia del Arte, quienes nunca solicitaban empleo con nosotros. Recuerdo a un candidato al que le pregunté, como a todos, cómo imaginaba una jornada común en la librería de superar el proceso de selección.

—Exactamente, sentado donde estás tú ahora mismo.

Y por si yo era incapaz de comprender el significado de una frase tan clara y corta, su expresión corporal me precisó que cualquier manera de lograrlo le parecía válida. A la señora de Burgos le expliqué el NO mayúsculo con el que me desahogué sobre su currículo y le expuse mi teoría sobre las buenas personas, su valor añadido a la hora de mejorar cualquier plantilla, lo mucho que facilitan el trabajo en equipo, lo arrieritos que somos y todo eso. Ella, por supuesto, tras escribir al lado de mi sentencia un ES PERFECTO, me liberó inmediatamente de seleccionar a nadie más y lo contrató.

Por entonces, tras abrir la veda conmigo, había ya levantado el veto a las mujeres y, entre otras, había empleado a una opusina que era una terrorista emocional y que se marchó por propia voluntad a los pocos meses por encontrar insufrible el carácter de la señora de Burgos. Antes de irse para no volver, le regaló un discurso muy bien hilado y dramatizado sobre la explotación laboral y su evidente relación con la ausencia de ganas para levantarte por las mañanas e ir a trabajar. Yo estaba al fondo de la librería, muy concentrada marcando libros, pero aún no había perdido oído y lo disfruté muchísimo. También contrató a otra señora que, tras enviudar, se había refugiado en un convento extremeño y a la que, comparando ambas tribulaciones, la dureza de nuestro trabajo no le parecía tan mal y hasta lo encontraba muy entretenido.

Mientras tanto, yo contaba los días para cumplir los seis primeros meses en la librería con más ilusión que cualquier aniversario porque me había prometido, llegada esa fecha, igualarme el sueldo con el de mis compañeros, ya que ganaba bastante menos que ellos.

Unos días antes de vencer dicho plazo, me pidió una tarde que la acompañara a su despacho.

—Belita, porque eres estupenda y blablablá y trabajas tan bien y patatín y patatán y que ya sabes que siempre cumplo mi palabra y tiritítrán, te vamos a renovar.

Se veía venir, como si lo hubiera anunciado la chica del tiempo, un *pero* como un ciclón.

—Pero Bel, el sueldo no te lo podemos equiparar al de tus compañeros porque no tienes estudios universitarios finalizados. Lo entiendes, ¿verdad?

Lo que ese día comprendí es que, al ir viviendo, descubres que las frases hechas son en sí mismas arquitecturas vivas que se adaptan, como una segunda piel, a una geografía real de la experiencia que antes o después es para cada alma su propio campo de exterminio. Aunque el paso del tiempo traería consigo otras carnicerías, aquella fue la primera vez que sentí, como si realmente me abriera la carne, un puñal en el pecho.

—Lo entiendes, ¿verdad, Belita?

—La librería está desatendida, ¿dónde firmo?

Decidí, tras aceptar la renovación que me ofrecía como una prueba más de su supuesta bonhomía, empezar a buscar otro trabajo al día siguiente ya que, el presente, se estaba muriendo. Como a Lorca, me dolía cada célula, la ropa y el plumero que seguía teniendo entre las manos y que tan poca cosa me hizo sentir cuando reparé en él. Estar ante ella me resultó sangrante lo que quedaba de jornada y no veía el momento de que llegara la hora de cerrar. Ese día no le permití que me pidiera uno de mis cigarrillos (aunque ella no fumaba, se concedía uno cada noche y por igual disfrutaba su humo como que los comprara yo) mientras hacíamos la caja y me despedí casi con brusquedad. A la mañana siguiente, tras una noche fúnebre e insomne, seguía convencida de la necesidad de buscar otro trabajo. Pero también y por mucho que me costase, de no dejar traslucir ni mi decepción ni mi vergüenza por si acaso, como era probable, sentía ella algún placer en contemplar el rastro de su victoria. Trabajé con la ilusión del primer día, salí al camino perdiendo el culo, conseguí que quien viniera por un solo título se llevara tres y descargué los mil doscientos libros de saldo que cabían en el Lancia en menos tiempo que el que se requiere para pronunciar lentamente las palabras *doble fila*. Incluso me permití la perversidad de decirle a un cliente por primera y última vez:

—¿No ha leído usted *Los pilares de la tierra*? Es un libro extraordinario.

Noté perfectamente cómo, de no estar los globos oculares tan bien sujetos al interior de la cabeza por los nervios ópticos, los suyos se le hubieran caído al suelo y, rodando sobre la moqueta verde, habrían acabado junto con todas las monedas y pelusas que allí iban a parar, debajo del mostrador.

Al cabo de dos días mal contados, porque fueron uno y medio en realidad, con este plan inaguantable por mi parte, me pidió que la acompañara de nuevo al despacho.

—Belita, no fui justa contigo.

—...

—No tendría que haberte hablado así, trabajas mucho mejor que muchos de tus compañeros y tienes más cultura.

—...

—Me has dejado sin palabras con tu actitud.

—…

—Tus condiciones serán, desde este mes en curso, las mismas que las de tus compañeros, Belita.

—…

—¿Volverás a ser normal? ¿Me ofreces un cigarrillo?

Siempre he sostenido que el tabaco es mucho más importante de lo que, en ocasiones, se quiere creer. Allá cada uno.

Mentiras veniales

De modo que fueron pasando las horas, los días y, con ellos, las estaciones, pues nunca, desde que hay testimonio del mundo, han sucedido los unos sin las otras y hubiera quedado raro. Seguí vaciando el Lancia de libros de oferta sin dar tiempo jamás a que llegara un policía local para multarlo y vendiendo muchísimos *Pilares de la tierra* envueltos para regalo. Habíamos logrado, creo, que hubiera un ejemplar en cada casa y ahora se trataba de que a nadie se le ocurriera una idea mejor para obsequios de cumpleaños, onomásticas, Día del Padre, Día de la Madre, día del gato arrabalero y para pagar favores de tamaño mediano que un ejemplar del mismo, aunque lo tuvieran repetido. Que se fastidiaran y le dieran uso como arma arrojadiza o que vinieran a cambiarlo por otro aún más caro, que ya lo encontraríamos.

Cuando me encontraba sola (que era casi siempre) y me pedían consejo, recomendaba todo lo que me gustaba a mí y que estaba casi siempre en la última mesa, en otra librería o por orden alfabético. Si estaba a su lado dejaba, por encontrar poco placenteros los pellizcos, que fuese la señora de Burgos quien recomendase lo que quisiera, lo que iba a hacer igualmente, y me limitaba por todos los medios a mi alcance a intentar limpiar con el plumero los libros del rincón más alejado para que nadie me tomase por cómplice de sus fechorías porque, para colmo, se inventaba los libros si el precio y la editorial eran de su gusto. Podía asegurar que transcurrían en la Edad Media aunque alguno de sus protagonistas fuese astronauta o cualquier otra afirmación descabellada para las que carecía de pudor. Las pocas veces que alguien volvió para afearle su desfachatez, sacaba a relucir la mala memoria que conlleva la edad y aducía haber confundido ese título con otro, consiguiendo que fuese el cliente quien se sintiese taimado, malpensado o ambas cosas y acabara por comprarle, para quitarle la pena, otro libro de los que a ella le interesaban. Esta vez transcurría en el futuro, pero lo que el lector se encontraba en la intimidad de su casa podía ser perfectamente una novela con el Rey Sol y todos sus cortesanos intrigando como locos. Una de las muchas lecciones que aprendí allí es que, si uno no quiere, no escarmienta nunca ni falta que le hace. Y que la vida puede estar tan falta de argumento y ser tan larga que hasta llegar a casa, empezar un libro que te había recomendado la señora de Burgos y acordarte de su familia porque te la había vuelto a pegar tiene su provecho, su jugo y su importancia.

Algunas ranas son inolvidables

Ignoro si el motivo por el que, antes de contratarme, no deseaban firmar contratos indefinidos con mujeres no era otro que esa voluntad de la naturaleza de dejarnos embarazadas en los momentos más inconvenientes para la empresa. Yo, que siempre había sido muy regular en mis fechas, de pronto dejé de serlo. Compré un predictor y me dijo que era solo un retraso. Al mes siguiente otra vez igual y quince días de incertidumbres más tarde, compré otra prueba con el mismo resultado. Cuando al mes siguiente seguía en las mismas, descarté seguir tirando mi dinero en carísimos tests de embarazo y di por sentado que mi naturaleza había cambiado, por lo que dejé correr el tiempo.

Justo al lado de la librería había una farmacia y un día me fijé en que en su escaparate había un pequeño cartel que rezaba: HACEMOS LA PRUEBA DE LA RANA. A mí me sonó muy poco serio aquello, aunque resulta que sí lo era y las ranas no intervenían para nada; era una manera clásica de llamar a esa analítica de orina que costaba la mitad que un predictor aunque los resultados, eso sí, tardaban dos días con sus noches en llegar desde el laboratorio. Como llevaba ya tres meses de retraso y había empezado a encontrar poco apetecibles algunos alimentos que antes me encantaban y a caerme de sueño nada más llegar a casa, decidí hacerme la prueba. A los dos días, un poco antes de abrir la librería por la tarde, volví.

—Verá, es que, como esto es algo tan subjetivo y lo mismo hay quien da saltos de alegría aquí mismo y se empeña en abrazarnos, que quien quiere tirarse al río con los bolsillos llenos de piedras y no sabemos ni qué cara poner, tanto si es que sí como si es que no, nosotros nunca lo decimos.

—Y entonces, ¿cómo voy a saber el resultado?

Ya me temía que lo de la rana, y tan barato, no podía ser una buena opción para salir de dudas.

—Pues lo escribimos en un papelito, se lo entregamos y, si es tan amable, lo lee cuando ya se haya marchado.

Que el mundo no se sienta muy inclinado a permitir que te aburras siempre me ha parecido encomiable aunque, a veces, se haga tan cuesta arriba vivir sin antecedentes penales.

—¿Me lo escribe, por favor?

Arrancando la auxiliar un trozo de un folio que tenía sobre el mostrador, escribió en él una palabra mientras con la mano izquierda, como las abuelitas y yo hacemos en los cajeros de los bancos, lo tapaba. Acto seguido me lo tendió. Lo leí inmediatamente y allí mismo, claro.

En letra mayúscula había escrito: POSITIVO. No conozco a nadie que haya tenido un embarazo tan corto como el mío, pues tres meses los había vivido ya.

Todavía esperé cosa de un par de meses para contarlo en la librería hasta que, un día, le pedí a la señora de Burgos que habláramos un momento en su despacho. Era la primera vez que la iniciativa para intercambiar allí algunas palabras partía de mí y no de ella, lo que, desde el principio, confirió a lo que tuviera que decirle un aura de desgracia irremediable. Tampoco lo podía dilatar mucho más porque cuando salía al camino ya no fumaba y, además, rechazaba los cigarrillos que mis compañeros me ofrecían, lo que hizo que empezaran a mirarme como a quien no lo cuenta todo. Hasta que un día, uno de ellos, que había sido cura e hilaba más fino que los demás, me dijo:

—¡A que vas a estar embarazada!

—Anda que no eres tonto.

Para una primicia que podía dar yo misma, no iba a dejar que me la contaran a mí afeándome que si los secretos y que si la falta de confianza. Como no sabía cuál iba a ser su reacción y curarse en salud no suele procurar motivos de arrepentimiento, ese día, en su despacho, me mostré tan seria que no sé si le di pena o miedo. Empleé tantos gestos faciales y corporales como pude recordar que lo mismo sirvieran para sugerir que tenía cáncer como para confesar que había matado a un cliente sin querer y lo tenía guardado en el baño, donde su sangre indeleble estaba dejando invendibles los libros de oferta. Como no podía ser de otro modo con una estrategia tan buena, cuando le dije que estaba esperando a un nuevo contribuyente y que sería una niña, me felicitó sinceramente.

—Pero no nos dejarás, ¿a que no?

Aunque necesité algunos años para apreciarla de verdad, pues el tiempo es tan emoliente que suaviza lo malo y saca brillo a lo bueno, se portó, a su manera, muy bien conmigo. Quiero decir que aunque se me eximía de las tareas más duras, la mayor parte de la jornada me exigía un esfuerzo agotador. Subirte al peldaño más alto de la escalera porque la letra A es lo que tiene, darle golpecitos a uno de los fluorescentes del techo cada vez que se volvía intermitente en precario equilibrio sobre una mesa, montar y desmontar a diario toda la zona exterior del libro de ocasión o descargar el Lancia de libros a toda velocidad, no eran tareas que se suelan recomendar en un embarazo por muy bien que este vaya. A cambio, raro era el día que no tenía conmigo palabras dulces y alguna amabilidad, como chocolates belgas de Godiva, que le encantaban y se comía con gusto porque yo prefería lo salado y nunca se acordaba.

Como mi hija nacería en octubre y a finales de julio debíamos renovar mi contrato (pues ya habían pasado dos años desde el anterior y me iban a hacer fija), decidí no hacerlo.

—Volverás pronto, ¿verdad, Belita?

—Sí, claro, en cuanto pueda. Pero no la quiero dejar en una guardería con tres meses, ni tantas horas seis días a la semana. Tengo que conocerla y saber cómo es y qué necesita.

—Pero volverás.

—Seguro.

Nunca regresé. Y pasaron décadas hasta que alguien deseó volver a aplicar un diminutivo a mi nombre por motivos ajenos al deseo de someterme, o eso quiero creer.

Segunda parte

También hay mercancías en el Rialto del alma.

Elizabeth Barrett Browning

Mi hermosa librería

Pasaron algunos años, muy pocos, y con ellos muchas cosas. Las mismas que se viven de una manera y se piensan luego de otra. Es lo que tiene andar recordando tu propia vida según los hechos, que no acabas nunca de inventártelos.

No es sencillo distinguir, pero se puede, entre las voluntades que se llevarán a término de las que han de quedarse en vida soñada. Entre otras cosas, porque las primeras, aun cuando no lo parezcan, sí son posibles. A veces, quieres construir algo y todo parece confabular en su contra. Obstáculos insalvables mostrarán su rostro o, todo lo contrario, planes inesperados y mejores llegarán sin invitación dañando cualquier empeño previo. Podrás porfiar todo lo que quieras y tomarlo por virtud o tenacidad, que no saldrán nunca adelante.

Otras veces, el propósito de nuestra voluntad, en un momento dado y como una corriente de agua brava, parecerá encontrar por sí solo su cauce, por muy descabellado o improbable que este pareciera. Es el momento y todo irá bien. Se allanará el sendero y en él no abundarán los forajidos, las piedras del camino no serán tan grandes que no las podáis apartar vosotros mismos, escampará si llueve o encontraréis resguardo, reconoceréis la ayuda donde menos confiabais en hallarla y las negociaciones inherentes a cualquier empresa fluirán con amabilidad. Nada de todo esto significa que hayáis llegado a algún lugar estable. Es solo que, efectivamente, se estaba cumpliendo algún destino bueno o malo, adjetivo que solo se desvelará andado el tiempo. Yo he aprendido a reconocer la melodía: suena muy bajito, pero es posible oírla si eres capaz de hacer que el resto calle. Y sigo adelante, sabiendo que el camino no será duro, pero que no debo decir nunca de cuanto encuentre en él: soy su dueña, esto es mío.

Montar mi librería, a pesar de todas sus inevitables tribulaciones, resultó así, y aún me pregunto cómo lo hice todo en dos meses aunque apenas teníamos dinero ahorrado; unas cien mil pesetas de entonces, o eso creo. Si no recuerdo mal, mi hermana Montse nos prestó otras quinientas mil. La madre de Ángel, si tampoco me equivoco, trescientas mil más, y mis padres me firmaron un aval bancario, cuyos gastos asumí. Nos lo exigía Unidisa, un distribuidor que llevaba muchas editoriales imprescindibles, y debía estar en vigor los primeros trescientos sesenta y cinco días de andadura. Si sumáis las cantidades arriba mendigadas obtendréis poco más de cinco mil euros actuales, os lo prometo.

Al año y pico de abrir, Ángel y yo nos separamos, por lo que tuve que solicitar un crédito para devolver, por cuestiones de higiene que nunca están de más, el préstamo de mi suegra, y ya aproveché para incluir la cantidad a mi hermana debida. Pero eso ocurrió más tarde y, ahora, lo esencial era encontrar un local. Los primeros que vi estaban en calles sin apenas paso, eran muy caros, necesitaban muchas reformas o, para colmo, reunían las tres características anteriores. A menudo, en el poco tiempo libre que tenía, me paseaba en autobuses por el centro de Sevilla tomando nota de todos los SE ALQUILAN que me parecían propicios. Más tarde y desde el teléfono fijo de casa, llamaba para interesarme por las medidas, condiciones y otros muchos atributos. Un día, en la plaza que en Sevilla llaman del Rialto, vi un local que, integrado en una casa preciosa, hacía esquina con la calle Jáuregui y apunté el teléfono al pasar en el bus por delante.

—Buenas tardes —dije cuando descolgaron al otro lado—, llamo por el local que alquilan en Rialto.

—¿Para qué lo querría usted? Porque es muy pequeño.

—No es tan pequeño. Es una entrada con escaparate, ni grande, ni chica, y es muy largo: cinco ventanas a la calle.

Cinco hermosas ventanas, pero nunca hago conversación con mis opiniones si estas pueden afectar al alza el precio en cuestión.

—No, son solo tres. Dos constituyen todo el fondo del local y la tercera es el baño. Las otras dos ventanas que dan a Jáuregui pertenecen a nuestras dependencias privadas. El local está integrado en nuestra casa palacio porque aquí teníamos la sede de nuestras joyerías, pero no fue una buena idea. Resulta que somos muy ricos y, a veces, los proveedores y los transportistas nos molestaban en momentos más que inconvenientes, como las puestas de largo de nuestras hijas y esas cosas de la vida cotidiana.

—Caramba.

—Aún no me ha dicho para qué lo quiere. No aceptaremos cualquier cosa, ¿sabe? Mucha gente nos llama para poner un bar, pero es imposible: porque la licencia para salida de humos y cocina sería una locura y porque nos molestarían el descanso, que es peor. Como es tan pequeño, no sirve para casi ningún negocio.

—¿Son tan altos los techos como parecen desde la calle?

—Cinco metros.

—Puedo cubrir las paredes de libros; quiero abrir una librería.

—Nosotros no leemos mucho, pero es verdad que los libros son algo muy fino y elegante.

—Son lo más fino que hay y dicen que por ósmosis y transferencia hasta cubren de cultura a quienes viven al lado, aunque no tengan tiempo para leer. Creo que hay ya algún estudio clínico que lo corrobora y todo.

—Sí, una librería no le digo yo que no.

—¿Cuánto piden de alquiler?

—Setenta mil pesetas y dos meses de fianza.

Hasta ese momento, todos me habían pedido bastante más.

—Lo veo caro si es tan pequeño, pero esta tarde he quedado para ver otros dos locales cerca. Si no le viene mal, me lo podría mostrar y hablamos.

Yo no había quedado con nadie, pero supe que ya tenía local. Era tan pequeño como me había dicho, aunque no se había acordado de mencionar su belleza. Las paredes estaban cubiertas hasta media altura por unos preciosos azulejos que había encargado pintar y hornear en su día el padre de Clavero Arévalo, quien fuera ministro de Adolfo Suárez y que no es que tuviera buen gusto, que igual sí, sino que de los talleres de Mensaque no salió nunca nada que careciera de él. Cuernos de la abundancia, cestos llenos de fruta fresca, pajarillos cantores y muchos querubines haciendo el tonto y bastante felices en su solaz. La solería era de níveo mármol y el techo tenía unas maravillosas molduras que ocultaban la intendencia de la luz artificial. Dos hornacinas con estantes y bastante grandes, tapizadas de seda blanca, cerradas con puertas de cristal y con iluminación independiente en las que ellos habían protegido de los maleantes las joyas más caras, también estaban esperándome. Dejando abiertas sus dos puertas, dedicaría a infantil y juvenil la primera, y a los libros de arte que costaban quince mil pesetas y no quería que me robaran quienes luego los iban a revender en el mercadillo del jueves de la calle Feria, con su llave echada, la segunda. Tras una puerta acorazada había una habitación que, para ser el aseo, no era pequeña e incluso estaba ya equipada con unas estanterías de suelo a techo tan oportunas como macizas que me servirían de almacén. Un viejo fregadero de loza y un agujero en el suelo en el lugar del inodoro por donde, si te asomabas, podías ver el infierno y la ultratumba, ocupaban el resto del espacio. Pero yo sabía que un retrete costaba muy poquito y me pareció un milagro estar allí dentro.

—Pues sí que es pequeño, no me lo esperaba tan chico.

—Es justo lo que le dije por teléfono.

—Ya, pero no es lo mismo que verlo.

—La casa está catalogada por Patrimonio y solo los azulejos valdrían una millonada si estuvieran en venta.

—Pero no me ayudarán a vender libros, pues tengo que cubrir cada centímetro con estanterías.

—Sepa usted que ni en caso de vida o muerte se podrían taladrar.

—Eso no es un problema pues yo, cuando me muero, suelo hacer otras cosas. Las estanterías se fijarían a la pared más arriba; no solo no hay que tocarlos, sino que nadie los protegería de las miserias de la vida mejor que yo, que se los voy a cubrir con literatura.

—Eso es verdad.

—Mire, el local es carísimo pero creo que, a pesar del tamaño, me podría servir. ¿Qué le parecería que el primer año acordemos cincuenta mil pesetas de mensualidad, para que yo pueda soportar toda la inversión inicial y conseguir clientes y ya, a partir del segundo, le pago setenta mil?

—De acuerdo, me parece bien.

Casi me mato al salir de la alegría que me cegaba y de lo que me gusta caerme, pero había pasado la quinta ventana y nadie me vio.

Pues empezamos bien

Si los libros son algo muy fino y pacífico, una mujer que lee y que va a intentar vivir de una librería aún debe serlo más, debieron pensar. Creo que por eso, tal y como les propuse, accedieron a mejorarme la mensualidad, no porque yo fuera un fenómeno negociando. Sabían ya que, si todo salía según sus planes, en pocos años tendrían que conseguir, con indirectas o hablando claro, que me marchara. Aunque me aseguraron lo contrario, me extrañó que sin necesidad de hacer economías aceptaran la servidumbre de tener alquilado un local comercial en su misma casa por muy discreto y elegante que sea el tráfico legal de libros, e insistí en firmar un contrato de alquiler de larga duración para que no pudieran obligarme a un traslado en cualquier momento.

—Por supuesto, lo que usted quiera. Nosotros hemos reformado e invertido mucho en esta casa para que sea el refugio de nuestra vejez ahora que los hijos son mayores, y de aquí no pensamos movernos.

De modo que, con las debidas cláusulas que nos protegieran a ambos, firmamos un contrato por diez años renovables. Pero, tal y como me contó el representante de Planeta en su primera visita, tenían ya la casa en venta.

—¿Cómo es que has alquilado este local? Esta casa se vende.

—Eso es imposible. Les he preguntado y me han asegurado justo lo contrario.

—Pues este fin de semana he estado en Marbella y en una inmobiliaria muy lujosa que solo lleva mansiones y fincas muy exclusivas o con valor histórico, tienen esta casa en su catálogo.

—Te digo que no puede ser. Para qué iban a mentirme.

—Es preciosa. Dentro tiene restos de la muralla almohade. Y una pista de pádel en la azotea. Y un salón de invierno y otro de verano. Y tapices. Y azulejos de Mensaque.

—Será otra.

—Y la misma fachada. Y la dirección de tu librería. La semana que viene te traigo una fotocopia.

Todo era verdad. La fotocopia la tuve mucho tiempo en un cajón hasta que un día la tiré.

La madera tiene nudos y la melamina es polvo

Por aquel entonces trabajaba de viajante, ya que, aunque pueda no parecerlo, es una profesión en la que te organizas con relativa facilidad y puedes adaptar tus visitas a los horarios que requiere la maternidad. Vendía apariencia: todas esas cremas, lociones y ungüentos que casi siempre dejan donde están las arruguitas que combatir, las células llenas de grasa que quemar o la flacidez que tonificar, pero que, al igual que ocurre con el psicoanálisis, cuando empiezas ya no puedes parar.

Mi ruta asignada eran algunos pueblos de la provincia de Sevilla y en uno de ellos, Cantillana, el marido de una clienta se dedicaba a gestionar licencias de apertura, a confeccionar un libro técnico que había que presentar en Urbanismo cuyo nombre he olvidado y a cuanto era necesario para abrir legalmente. De todo se ocupó con pericia y cumpliendo fechas por unos honorarios muy inferiores a los que me pedían en Sevilla. En cuanto a las estanterías, todos los presupuestos que obtenía superaban el millón de pesetas y, para colmo, eran en melamina. Es una palabra que también ha pasado de moda y que antes se usaba mucho. Es un adhesivo que sirve para unir el polvo de la madera que cae al suelo en las fábricas y carpinterías y que la humanidad, en vez de barrerlo y tirarlo, no solo lo prensa y recubre con una chapa muy fina que se despega con la humedad o la mala suerte, sino que hasta le encuentra compradores. Pero yo las deseaba en madera de verdad, con sus nudos y su olor a bosque.

Un día, leyendo la prensa local, me encontré con un reportaje sobre una población cercana que nunca había pisado antes y donde el gremio de carpinteros, decía, tenía mucha fama por trabajar bien y estar el pueblo lleno de ellos. Siempre he confiado en los gremios pues, donde hay muchos profesionales de la misma actividad, a la fuerza tienen que ser expertos, honrados y competitivos, o los peores no tendrían clientes. De modo que un sábado por la mañana, sin más información, cogimos el coche y nos fuimos para allá. Creía que, nada más llegar, grandes naves con sus rótulos nos darían la bienvenida y me volvería loca pidiendo presupuestos. No debí elegir la mejor entrada, pues nos recibieron calles desiertas donde parecía no venderse nada. En un cruce detuve el coche y esperé a una señora mayor que, renqueando, se acercaba. Bajé la ventanilla y la llamé.

—Señora, ¿sabe usted dónde están las carpinterías en este pueblo?

—Esa puerta es una, la del Isidoro.

—¿Qué puerta?

—La que tiene al lado.

Estaba cerrada y ningún cartel anunciaba que dentro hubiese algo distinto al mutismo y la oquedad, pero bajé y llamé con los nudillos. Tras un buen silencio por respuesta, sin rumor de pasos ni de nada, aporreé con más vigor y, finalmente, nos abrió el carpintero. Yo había dibujado en un folio un plano muy elemental de la librería con las medidas de alturas y anchuras por cubrir. Los estantes los quería de veinticinco centímetros de alto, donde caben de sobra casi todos los libros que se editan, y estrechos para que el polvo no se acumulara por detrás y apenas robaran sitio para pasar y estar. En madera, claro, y así se lo expliqué todo a Isidoro, a quien le hizo mucha ilusión poder contribuir con su trabajo a montar una librería en esa plaza que tanto le gustaba de Sevilla.

—Pero, Belén, en madera, aunque sea de pino, va a ser muy caro todo esto, que llegan casi al techo.

—En pino tintado de oscuro y sin barniz.

—Muy caro.

—¿Cuánto?

Con la ayuda de una cinta métrica, hizo cálculos que iba anotando con un lápiz en un trocito de papel, mientras yo rezaba porque no se estuviera olvidando de apuntar, pues me parecían muy pocos, los ceros de la derecha. Por fin, dando cada rincón de mi plano por medido y valorado, las sumó todas.

—Esto no te lo puedo hacer por menos de doscientas cincuenta mil pesetas.

—¿Está incluido el IVA?

—Incluido, claro.

—¿Has sumado bien?

Repasó la cuenta.

—Que sí.

—¿Cuándo puedes empezar? Quiero abrir cuanto antes.

—El lunes estoy allí para tomar medidas, pero voy a

necesitar tres semanas al menos para podértelas montar.

Los de la melamina me daban plazos de entrega de meses y sin compromiso de entrega en fecha alguna siquiera. Como todos los contratos importantes, sellamos el encargo dándonos la mano y empecé a contar los días de verdad.

El planeta Lara

Con las estanterías encargadas y más encogida que valiente, me dispuse a llamar a los distribuidores editoriales para abrir cuentas con ellos. Me preocupaba que no me tomaran en serio, porque la última vez que me vieron yo estaba perdiendo el culo en el camino. Pero sí lo hicieron. Creo que todos los grupos y representantes, hasta donde cada uno la podía alargar, me echaron una mano con cariño y me desearon buena suerte. La mayoría me exigió un primer pedido en firme, no demasiado gravoso y a cambio me ofrecieron un depósito elegido por mí, con entrega simultánea. El Grupo Planeta, que casi cada semana adquiría una nueva editorial, no; porque no se los dejaba, o eso juraban, ni a El Corte Inglés. Algunos distribuidores, los que llevaban editoriales más pequeñas y menos imprescindibles, incluso accedieron al depósito sin compra alguna. En pocos días mi lectura nocturna fueron los catálogos de más de cien sellos para marcar los títulos que quería de cada uno y, como aún estaba lejos de saber que muchos no los vendería nunca, soñaba con días de gloria y era feliz.

Uno de los muchos errores que cometí con mi librería

y que tuvo bastante peso en el hecho de que acabara por cerrarla, fue elegir mucho fondo y hasta secciones enteras porque en Asunción facturaban mucho. Pero ese nunca fue mi caso: en Rialto nadie me pedía legislaciones jurídicas, sin embargo, yo tenía el fondo de Civitas y Tecnos, que tanto alegraba la recaudación diaria en Los Remedios. Con la sección de informática me pasó igual: le cedí metros de espacio porque quienes llevaban Anaya o McGraw Hill me los dejaron en depósito. Los pocos años que habían pasado desde que dejé Asunción habían pasado también sobre el mundo conocido para cambiarlo para siempre. Resulta que las personas habían empezado a familiarizarse con los ordenadores y ya no solo los tenían en sus despachos y oficinas, sino en sus casas y por voluntad propia, aunque yo no lograra entenderlo, pues seguía, casi como ahora, con mi gusto por los cuadernos y la tinta negra como el oprobio. Los programas informáticos quedaban desfasados a una velocidad tan vertiginosa que la gente había aprendido a piratearlos y ya no quería pagar tamaña barbaridad por aquellos libros precintados con sus disquetes dentro, que eran cuadrados y luego fueron redondos, lo que me desconcertó aún más.

Lo peor es que nunca rectifiqué y bien fácil que hubiera sido. Todo cuanto tenía que haber hecho era devolver, al cabo de un tiempo estéril en ventas y agradeciéndolos, aquellos libros en depósito para aprovechar el espacio que ocupaban, y que tan caro me era, con más fondo de ficción y poesía, pues era lo que de verdad me gustaba, demandaban y vendía. Pero nunca lo hice, pues no veía mi error. Tampoco debería haber tenido sección de autoayuda, por mucho que la escondiera tras la puerta.

Como la trataba con ironía y desanimaba su venta, los clientes de esa clase de libros preferían comprarlos en otro sitio. Mientras tanto, yo seguía dedicándoles tres baldas para algún que otro *Caballero de la armadura oxidada* que me pedían como se pide la metadona y que me compraban aunque yo arrugara la nariz con un poquito de pena, que nunca con desprecio.

A la vez que montaba mi librería, seguía vendiendo juventud eterna y visitando pueblos. Un día, en El Pedroso, pensé que igual no era imposible que el Grupo Planeta me dejara un depósito aunque fuese la primera vez en su historia que lo hicieran. Me interesaba mucho el fondo de Seix Barral y el de Ariel, puesto que mi librería quedaba muy cerca de la Facultad de Ciencias de la Información (en Gonzalo de Bilbao aún) y necesitaba armar una buena sección con sus manuales y lecturas recomendadas. Ese día, tomándome un café en una plaza a media mañana, vi que mis vecinos de mesa o de poyete eran todos muy mayores y con ganas de pegar la hebra. Esto último solo lo supuse, pero no me equivocaba.

—Oiga, ¿usted sabe quién es José Manuel Lara?

—Claro, si es de aquí.

—¿Y qué tal es?

—Uy, tenía muy mala cabeza y era un elemento, cuando joven. En la guerra vendía galletas o lo que podía y hacía muchas trampas. De milagro no acabó mal.

En la plaza vieron que había una forastera joven interesada por las cosas de allí y el corrillo cada vez se nos hacía más grande, pues iban incorporándose más ancianos a la tertulia.

—Pero luego —apuntó otro— conoció a una catalana buena, que las hay, y ya fue siempre derecho por la vida.

—Nosotros —añadió una pareja con incontables arrugas— también fuimos de viaje de novios al planeta.

—Fuimos todos —dijo otra de su misma quinta—. Aquí, los que podíamos hacer viaje de novios, íbamos al planeta.

—¿A qué planeta?

Me los imaginaba a todos en un cohete y me hubiera gustado acariciarles las mejillas y las manos.

—Al que Lara puso en Barcelona.

—¿La editorial?

—Eso, lo de los libros.

—Cómo brillaba todo y qué grande era...

—Lo llamábamos por teléfono para decirle que íbamos de viaje de novios y...

—¿Les atendía al teléfono?

—Claro, a él, sobre todo desde que se fue, el pueblo cada vez le gustaba más. A la gente de allí les tenía dicho que, si llamaba alguien de El Pedroso, se quería poner siempre al teléfono.

—Siga, siga...

—Pues, nos decía, os cogéis un taxi, que os lo pago yo. Y nos dictaba la dirección que había que darle al taxista.

—Luego —cogió el hilo otra señora— nos esperaba en la puerta, aunque lloviese.

—¿Y luego?

—Ya se lo hemos dicho, nos enseñaba el planeta entero. Tenía mucha gente trabajando allí y le tenían mucho respeto.

—Sí, a mí me dijo: ¿ves cuántos son? Pues soy el más

sinvergüenza de Barcelona. El día que los contrato les enseño la puerta y les digo que es la misma para entrar que para salir. Que si no les gusta, ya saben.

—Es que era...

—Y ¿veían Barcelona?

—No, para qué, veíamos el planeta y nos volvíamos, que el campo no espera.

—Ya. Pues yo necesitaría hablar con él, para pedirle que me haga un favor muy grande.

—Entonces, lo mejor es que hable con el párroco.

—¿El párroco?

—Sí, esa iglesia de allí, ¿la ve? Aquella puerta es la sacristía.

—¿No lo molestaré?

—Qué va. A él también le gusta el palique. El Lara le manda libros y hace por el pueblo todo lo que él le dice.

Me faltó tiempo para entrar en la sacristía, claro. No recuerdo el nombre de aquel santo, pero me escuchó con atención y me dijo que llamara a Lara por teléfono, que seguro que me querría ayudar, con tantos libros que tenía que ni le cabían en el almacén.

—¿Usted me daría su teléfono?

—Claro.

Lo buscó dentro de una pequeña agenda que, de tantas veces que la había abierto y cerrado, parecía un acordeón y me lo copió en un trozo de papel. Era un fijo de la editorial, con su extensión personal, pues los móviles seguían pesando cinco kilos y habían vendido dos en Dinamarca y uno en Córdoba. Me atendió la llamada una señora muy mayor a juzgar por su voz, que se llamaba Fina y era su secretaria personal.

—Pero ¿usted es de El Pedroso?

Se ve que seguía en vigor lo de que ningún vecino del pueblo fuese desatendido.

—Pues no, si le digo que sí le estaría mintiendo.

Y me ponía una excusa.

—Llame mejor mañana, hoy está muy ocupado.

Así estuvimos al menos una semana, hasta que se ve que le dijo a alguien de la centralita:

—La próxima vez que llame una chica de Sevilla que no es de El Pedroso y que quiere libros por toda la cara, le dices que he ido al médico o a la modista.

Aprendí que se puede llegar a hablar con la secretaria personal de cualquier directivo por muy poderoso que este sea y que, si se hacen mayores a su lado, es porque jamás permiten que nada ni nadie les estorbe. De Seix Barral y Ariel compré, a tocateja, lo que me alcanzó.

No es lo mismo viejo que antiguo

Por fin llegó el día en que, a la mañana siguiente, iría Isidoro a instalar las estanterías y ya podría decirles a los distribuidores que dieran orden de salida a todos los pedidos que les había hecho para poderlos desempacar, marcar y colocar. Esa misma noche, vino mi hermana Montse a cenar a casa y trajo dos cupones de la ONCE, pues siempre ha tenido esa clase de suerte que, si compras un papelito de colores con unos números, a veces son esos mismos los que escupen unos bombos y la inversión te sale a cuenta. Nos regaló un cupón y, mientras cenábamos, dejamos el televisor encendido para oír el sorteo. Cuando una señorita con una minifalda muy corta dijo que el número agraciado se parecía muchísimo al nuestro y que nuestro boleto estaba premiado con veinticinco mil de aquellas pesetas de entonces, nos levantamos para abrazarnos y brindar. A mí no me dio tiempo porque, justo en ese momento, sonó el teléfono de casa y tuve que atenderlo.

—¿Dígame?

—Belén, soy Isidoro. No tengo más remedio que darte una noticia muy mala.

Su voz olía como si se le hubieran quemado todas mis estanterías sin mala voluntad, más bien por algún descuido.

—No me asustes, ¿qué ha pasado?

—Que no sé cómo te hice las cuentas, pero la madera no me ha salido barata y casi pierdo dinero con tu trabajo.

—Sigue.

—Que tengo que pedirte veinticinco mil pesetas más. Y que lo siento mucho, que sé lo apurada que vas y tendría que habértelo dicho antes.

—¿Veinticinco mil? ¿Ni una más?

—Sí.

—Pues no te preocupes, Isidoro, que las tendrás.

Y brindamos, claro, por las nubes que delicadamente se retiraban antes de descargar.

A la mañana siguiente, puntual como un vecino del Támesis, estaba en la plaza del Rialto descargando los largueros, baldas y traseras de mis muebles de su furgoneta. Se había traído para que lo ayudara en el montaje a un amigo de su mismo pueblo que era herrero de profesión y debía ser muy bueno, pues le habían encargado no recuerdo qué labores en los cierres de la plaza de España, lo que me contaron con orgullo. Separados eran dos profesionales muy competentes, pero juntos eran como Jack Lemmon y Walter Matthau. Si no me infarté ese día, fue porque mi corazón debe ser más fuerte de lo que afirman los electros; si no los maté, porque no tengo tanta curiosidad por conocer una cárcel por dentro como soy capaz de afirmar con tres cervezas; y si el local de mi librería, cuyos propietarios ya habían tenido ocasión de contarme como quinientas veces que era poco menos que patrimonio de la humanidad, no se vino abajo conmigo dentro, fue porque Dios necesita divertirse y no me podía eliminar tan pronto de su juego.

Por alguna razón que ahora no logro poner en pie, tuvimos que pedir permiso para acceder a la casa, donde les obligaron a usar la escalera de servicio, lo que no les hizo ni un poquito de gracia siquiera. Creo recordar que era de mármol y muy bonita, pero no era la buena, claro, que esa la habría diseñado un discípulo de Bernini y no la podíamos pisar. La puerta que comunicaba mi cuarto de baño con sus dependencias estaba clausurada por dentro y también hubo que abrirla para algo que tampoco recuerdo. Dijeron que enseguida nos enviarían a alguien para desbloquearla, pero esa unidad de tiempo se les hizo tan larga a Isidoro y a su amigo que se pusieron a trastear hasta el forcejeo con el pomo y la cerradura por no retrasar más todo lo que había que hacer.

—Por favor, tened cuidado, ¿no veis que es muy antiguo?

—Todos los pomos se parecen.

El herrero acababa de replicarme cuando vio que se había quedado con él en la mano. Se le notó a las claras que hubiera querido pisarlo para ocultarlo de mi vista. Mis pupilas debían estar muy dilatadas y, leyendo en ellas que yo no conseguía valorar la comicidad del momento, se lo mostró a Isidoro, quien supo apreciarlo sobradamente y ya ambos pudieron entregarse a un ataque de risa tan escandaloso que me hizo temer que acudieran de inmediato de la casa para ver qué habíamos hecho esta vez.

—Es que es muy viejo. Por eso se ha roto.

A mí me costó que me saliera la voz que, entre otros atributos, tenía antes de conocerlos.

—Creo que es del siglo XVIII...

—¿Lo ves? Viejísimo.

—Si no lo colocáis como estaba antes de que venga alguien, pienso morirme dejando una nota explicando que me habéis matado vosotros.

Esas cosas, aunque luego puedas demostrar en un juicio que estaba de Dios, no le gustan a nadie y empezaron a hacerlo todo como si hubieran convertido sus energías en las miras que deben tener las alas de una mariposa asustadiza. Casi ni rozaban los famosos azulejos y me miraban un poquito ofendidos, aunque tampoco mucho.

Pero a mediodía las estanterías habían quedado montadas, podía empezar a llenarlas de libros, nadie había dicho nada de demandarnos y a los pocos días, una de las últimas mañanas de aquel otoño de 1997, tras esperar unos minutos en el paso de peatones de la plaza el hueco para cruzar entre los autobuses, camiones de reparto, coches y motoristas que, como yo misma, arañaban sus vidas sin saberlo, pude abrir. Qué tontos somos, habría pensado la señora Dalloway si también hubiera estado en aquella esquina de Sevilla aquel viernes.

Mi primer loco

Mientras me veían montar la librería, muchos vecinos de la plaza y del callejero de la Puerta Osario se acercaron a interesarse por lo que iba a abrir. Al saber que se trataba de una librería todos se alegraban mucho, me felicitaban la intención de ponerles cerca algo tan noble, callado, sin humos y hermoso, y me deseaban de corazón y sin excepciones —que esas cosas se notan— la mejor de las suertes y vientos a favor.

—En cuanto abras, vendremos a comprarte a ti los libros que necesitemos. El local es tan bonito que dan ganas de estar dentro cuanto antes.

—Ay, muchísimas gracias, os estaré esperando.

Y tuve que esperar mucho, la verdad, pues resulta que lo que me dijo mi antigua jefa de los cosméticos, quien sí fue una clienta voluntariosa desde el primer día, era cierto.

—Recuerda que en España se vende un libro por cada mil cremas y estoy siendo, seguro, muy optimista con tu empresa.

—Mary, mira que eres agorera.

—Que solo te digo que no olvides que nuestras puertas

las seguirás teniendo abiertas. ¿Tienes los *Harry Potters* esos?

Resulta que cuando mucha gente, no toda, claro, afirma que cuando necesite un libro te lo comprará a ti, no siempre se acuerda de mencionar que no todos los años necesita uno, para que vayas haciendo tus cálculos y aprendas a vivir con menos. Desde el interior, veía y oía cómo se detenían muchos transeúntes, se fijaban en el escaparate y comentaban la apertura.

—Mira, han abierto una nueva librería.

Y asomaban la punta de la nariz, pocas veces la cabeza entera. De las extremidades motoras, mejor no escribo.

—¿Has visto qué bonita y qué elegante?

—¿Te has fijado en el techo?

—Aquí seguro que no tienen *El lazarillo de Tormes*.

—Imposible. Y, si lo tienen, será más caro que en otro sitio. Vámonos.

Y doblaban la esquina antes de que me diera tiempo a perseguir a nadie con una edición de Cátedra o Castalia en la mano, a precio de catálogo.

—Buenos días, ¿hace fotocopias?

—Buenas tardes, ¿me da un bonobús?

Ni siquiera la palabra «Librería» que, junto con «Rialto», había encargado para colocar sobre el mármol negro de la fachada en letras doradas y muy caras —aunque de mucha calidad, pues ni el sol ni la lluvia llegaron a deteriorarlas— arrojaba suficiente claridad sobre mi propósito de vida, por lo visto. Yo agradecía que hasta por esos errores entrara gente, pues confiaba en que estuvieran empezando a hollar, con su trasiego desnortado, esa senda invisible que hace que, antes o después, la transiten los clientes de verdad y que según la ciencia no es ni más ni menos que la capacidad que seguimos teniendo los humanos, en menor medida que otros animales, de seguir un rastro. Por mi parte, confiando en que no se notara mucho mi decepción, les indicaba el sitio más cercano para obtener sus pases de transporte público y sus fotocopias mientras rezaba para que cuando sus hijos, esa misma tarde por ejemplo, les pidieran *La Celestina*, se acordaran de mí y mi librería.

Una mañana, nada más levantar la persiana de la entrada, apenas si me habría dado tiempo a poner un disco, puede que de Billie Holiday, entró un cliente de verdad. Se interesó por la ubicación de las secciones de Filosofía e Historia y las estuvo examinando un buen rato. Rondando los cincuenta y con ese aspecto de profesor asociado universitario, nada en él me pareció fuera de sitio o sintomático de quienes están como una cabra. En un momento dado me acercó al mostrador unos ejemplares de una colección muy bonita de aforismos y reflexiones de Edhasa.

—¿Se venden estos libros?

—Claro.

—¿Mucho?

—Pues no le puedo decir, ya que llevo poco tiempo aquí, pero claro que tienen sus lectores.

—¿Y si no se venden?

Me pareció realmente preocupado por mi economía y fui sincera con él, pues me apetecía tranquilizarlo. Esa colección me la habían dejado en depósito.

—Pues los devuelvo.

—¿Se pueden devolver?

—Sí.

—Ah.

Y dejándome los otros para que los volviera a colocar en su sitio, quiso comprar el de Jules Renard. Fue uno de los primeros libros que vendí y me puse muy contenta.

Esa misma mañana, sobre la una, volvió. Dónde había estado nunca lo supe, ni llegó siquiera a preocuparme, a mí que todo me importa, por cómo se portó conmigo. Venía como si un camión lleno de alquitrán hubiera derrapado sobre sus huesos y su indumentaria. La chaqueta, de *tweed* y con coderas, parecía recién salida de un contenedor.

—Buenas tardes, ¿se acuerda de mí?

—Claro, estuvo usted aquí esta mañana.

Sin despeinar y más aseado, pero eso solo lo pensé.

—Vengo a devolverle el libro.

Y lo puso sobre el mostrador. Yo no entendía nada, pues el mismo camión parecía haber pasado también sobre los aforismos del francés. A él lo miré como si me apeteciera dispararle y cogí el libro por la curiosidad de pasar sus páginas y ver lo que había sido capaz de hacer con el mismo en tres horas. Creo que había desayunado bien antes de ponerse en mitad del tráfico, pues los pensamientos de Renard tenían manchas de café, de manteca colorá y migas de pan entre sus costuras. Había doblado algunas esquinas, tachado párrafos y arrancado sin compasión aquellas páginas con las que, enteras, no estaría conforme. Lo volví a depositar en el lado del mostrador que, podría decirse, era su terreno.

—No le puedo cambiar el libro.

—Usted me dijo esta mañana que podía.

Yo ni siquiera recordaba a qué se refería, aunque más tarde rememoré que le había dicho que los libros en depósito se podían devolver al distribuidor.

—Es imposible que yo le haya dado esa garantía.

Apenas recuerdo cómo se volvió loco ni qué hizo, pero debió gritar mucho ya que, aunque no fui capaz de reaccionar ni llamé a nadie, al cabo de un cuarto de hora apareció una pareja de policías locales que me indujeron a pensar que el mundo estaba mejor hecho de lo que a veces parecía. Intentaron que dejara de mesarse sus entrecanos cabellos y que parara de dar voces, pero no había manera. A duras penas, nos hacíamos oír.

—Pero ¿qué sucede aquí?

—Que este señor me compró este libro esta mañana y me lo acaba de traer en este estado exigiendo que le devuelva el dinero o se lo cambie. No sé lo que quiere, la verdad.

Uno de ellos, utilizando muy poca superficie de un pulgar y un índice, sostuvo el libro un momento y se lo mostró al otro.

—¿Qué asco, no?

—Ya ve…

—¿Es muy caro el libro?

—No, dos mil pesetas exactas. Puedo devolvérselas, tirarlo a la basura y asumirlas.

—¿No sería lo mejor?

—Es que dejarme acobardar por un mal nacido tiene otro precio y ese no lo puedo pagar.

Mientras tanto, el loco seguía empeñado en dejarnos sordos.

—¡Ella me dijo que lo podía devolver! ¡Me lo dijo ella! ¡Quiero el libro de reclamaciones!

—¿Eso es verdad? ¿Se lo dijo?

—¿Qué cree usted? Todavía se puede almorzar dentro del libro.

—No se preocupe, entréguele el libro de reclamaciones para que lo cumplimente y se vaya, y quédese tranquila, que no lleva razón y nadie se la dará.

—Verá, ¿puede acercarse un poquito más, que le voy a decir algo muy bajito?

El policía, aunque extrañado por mi petición, se inclinó sobre mí con cara de estar muy intrigado por lo que yo tuviera que susurrarle.

—Es que acabo de abrir la librería y creo que lo único que se me ha olvidado es lo del libro de reclamaciones, que no sé ni dónde se adquiere.

—No lo dirá en serio.

—¿Usted cree que yo estaría tan preocupada de tenerlo en un cajón? No tenía la menor intención, ni la tengo, de dar pie a nadie para quejarse. Iba a ocuparme en unos días, ¿cómo iba a pensar que los locos que madrugan en Sevilla me encontrarían tan rápido?

—Mire, no se sofoque, que al hijo de puta nos lo llevamos ahora mismo y ya vemos qué le decimos. Pero hoy, en vez de almorzar, se va usted a tal sitio y lo compra, que le pueden buscar las cosquillas otro día.

Y eso hice. Creo que era en no recuerdo qué dependencias administrativas por la avenida de la Borbolla, aunque no estoy segura. Y todo el tiempo estuvo muy bien cuidado dentro de un cajón sin que nadie más encontrara en Rialto motivos para quejarse o reclamar.

Una linda ancianita

Dice Josep Pla en su *Cuaderno gris* que las montañas están bien hechas. El mar también, doy fe, así como esa expresión popular que asegura que no se puede estar más contento que un niño con zapatos nuevos. De todas las cosas que tuve la suerte de estrenar de pequeña, ninguna me causó tanto éxtasis, ni me robó el corazón, como algunos zapatos. Recuerdo especialmente unos, siendo muy niña. Eran planos, por supuesto, castellanos y tenían dos borlas sobre el empeine. Ni siquiera me apetecía dormir por no renunciar al placer de volverlos a mirar cada pocos minutos y por el miedo irracional a que, como todo lo hermoso parece durar tan poco, pudieran desaparecer durante la noche. La luz de la luna entraba por la ventana, iluminaba los pies de la cama y yo los desplazaba al ritmo de nuestra órbita para que los siguiera rozando y les arrancara aquellos destellos caobas tan bonitos.

En ningún momento fue fácil, ni lo conseguí siempre, que la librería me diera para vivir y en los años que fui su dueña tuve que olvidar muchas cosas (como la palabra vacaciones). Pero fue la primera vez en mi vida que yo era feliz en tiempo real y no retrospectivamente. Ni una sola de las mañanas en que introduje en la cerradura aquella llave tan seria y tan grande, pues estaba pensada para proteger diamantes y caudales; ni una sola mañana de aquellos años, os decía, dejé de ser una niña con zapatos nuevos que no tuvo necesidad de que viniera el tiempo y arramblara con todo para saberlo, agradecerlo y disfrutarlo.

Poco a poco, aunque seguían negándose a preguntarme si tenía *San Manuel Bueno Mártir* o *El sombrero de tres picos*, fueron llegando los primeros clientes auténticos; los primeros lectores y los primeros amigos, pues se nos iban las horas pidiendo cafés a la cafetería de al lado. Hablábamos de libros, colmábamos el cenicero y hasta arreglábamos las cosas del mundo, que siempre andaba lleno de defectos, no como las montañas o el mar.

En Emasesa, la empresa pública del agua de Sevilla, que estaba a pocos metros, había entre sus empleados y directivos excelentes lectores de tan exigente criterio que ya los quisieran muchas editoriales y, muy pronto, muchos me otorgaron su confianza. Menos mal. Alguno, como Serafín, hasta su amistad y protección sobre algún que otro loco que me volvió a tocar, pues al trabajar tan cerca acudía enseguida si lo llamaba. Supongo que jamás se podrán imaginar, salvo si leen estas páginas, lo que aquello pudo significar para mí y cuánta falta me hacían. Pero los clientes de verdad, por más que los necesitara desesperadamente y hubiera empezado a aficionarme a la oración —ya que había días que solo entraban los de las fotocopias o los bonobuses y me sobraba tiempo para rezar—, iban llegando con cuentagotas. Como Dios es por lo que se cuenta muy viejo y no debe andar bien del oído, a lo mejor pensaba que yo le pedía que viniera gente, no clientes. Y gente me mandaba, aunque igual lo hacía por no saber dónde ponerlos y porque intuía que yo no se los iba a estropear más de como ya estuvieran.

Una tarde entró en la librería una señora muy mayor, frágil como una rama seca y muy elegante, más por la manera de llevar la ropa que por su indumentaria, que también lo era. De ojos claros, muy bien peinada y bonita osamenta, me dijo que se había mareado un poco al cruzar la plaza y le ofrecí mi taburete para que descansara y un vaso de agua. Me contó que vivía cerca de la catedral, que tenía un hijo tonto y solterón aún a su cargo y que había venido al barrio porque las cosas no le iban demasiado bien y la iban a ayudar las Hermanas de la Cruz con el importe de la última factura de la luz, para que no se la cortaran. Hecha un gurruño, la sacó del bolso para mostrármela.

Es cierto que nos resulta más fácil, por ser obvio el espejo, empatizar con la miseria de los que no parecen, por su aspecto, soportarla ni merecerla. Y que nos compadecemos del sufrimiento ajeno pero si, además, le presuponemos la vergüenza íntima y social, nos duele más. Sin pensarlo siquiera, le di a la tecla que abría la caja, cogí un billete de cinco mil pesetas y, doblándolo, se lo puse en la mano. También es verdad que de inmediato recordé todos aquellos cuentos que había leído de pequeña en los que, bajo la apariencia de una vieja mendiga que se instala al borde del camino implorando compasión, esta acaba por revelarle su verdadera naturaleza de hada magnánima a quien, olvidando su propia necesidad, comparte con ella lo poco que tiene.

—Gracias, cariño, qué buena eres.

Me dio un beso y se marchó. Yo no sabía cómo iba a pagar ese mes mi propia factura de la luz, pero me gustó mucho que me creyese buena mientras esperaba a que se comportara como el hada que sin duda era y me llenara la librería de clientes. A la semana siguiente, también por la tarde y sobre la misma hora, apareció de nuevo por la librería y le volví a ofrecer el taburete. Pensé que habría pasado cerca y le apetecía saludarme aunque me extrañó, pues tenía ya muchas pruebas de que el ser humano tiende a evitar la compañía de quienes alguna vez han sido testigos de su desventaja. Nada más sentarse empezó a contarme que su hijo, que tan tonto no sería, le había sisado lo poquito que tenía y que no le llegaba ni para comer. Tampoco pude evitarlo; hice que la caja se abriera con un clinc y volví a ponerle en la mano otro billete de cinco mil. Me dio otro beso que, como el primero, olía a talco y me dijo que si todo el mundo fuese como yo, vivir no sería tan cansado ni decepcionante. Yo empezaba a envidiar a todos los que no eran como yo y a pensar que si era un hada con poderes, también era demasiado prudente a la hora de decidir si yo era digna de su ayuda. Cuando a la semana siguiente, otra tarde en que estaba leyendo, pues apenas tenía clientes y el trabajo de colocar las novedades y controlar sus albaranes lo resolvía con holgura por las mañanas, la vi cruzar la plaza hacia mí, me dieron ganas de cerrar la puerta con llave y encerrarme en el baño. Le había hablado de ella a mi marido y ya me había dicho que, si seguía dándole dinero, tendría que irme yo por los comercios de El Arenal para hacer lo mismo y que alguien me ayudara. Por supuesto, le ofrecí el taburete y el vasito de agua de rigor.

—Mire, señora, a mí me da mucha pena su situación, pero la mía no se crea que es mucho mejor.

Sus ojos rubios adquirieron la calidez de la hoja de una faca y me recordaron los de algunas monjas que me educaron de pequeña sin hacer uso de la ternura. Total, que le di dos mil pesetas que bajo su mirada parecieron céntimos y le rogué que encontrara benefactores que no estuvieran a punto de buscar un pino para colgarse. Si pensáis que me expresé con claridad, estáis muy equivocados. A la semana siguiente, con la regularidad de una letanía, volví a verla y a temerla cruzando la plaza para darme alcance. Al darle los dos besos que ya eran costumbre al encontrarnos, noté que ya no olía a talco, como las semanas anteriores.

—¡Qué bien huele usted!

—¿Sí? ¿Te gusta? Mira, lo acabo de comprar.

Y con la incontinencia de una niña embriagada por cualquier felicidad momentánea, sacó de su bolso un frasco de perfume aún con su cartonaje aunque sin el precinto de celofán y me lo mostró. Era Miss Dior. En su ojo izquierdo apareció un temblor a la vez que un recelo, como si acabara de darse cuenta de que quizás no fuese yo la más adecuada para esas confianzas. Estaba sacando ya el taburete de detrás del mostrador para prestárselo, pero cambié de idea y me senté. No por egoísmo, es que a mis rodillas se les olvidó sostenerme.

—Verá, señora, ya sé que a partir de ahora no querrá seguir siendo la presidenta de mi club de fans y le pido perdón por la grosería que le voy a decir, pero espero que entienda que tengo mis razones. Le pido que no vuelva por aquí ni aunque el resto de las calles de Sevilla se las trague un terremoto.

Me miró como si yo fuese muy poco estable y ya lo viniera ella sospechando desde hacía algún tiempo y se marchó sin despedirse. Nunca volvió. Y menos mal, que si no, yo no llego a cumplir ni un año con mi librería.

Otro José Luis, ya lo sé. Pero sigo creyendo en la verdad y la belleza de las palabras de Marco Aurelio que cito de memoria: «¿Comete otro alguna falta contra mí? Y a mí ¿qué? No es mío el error». Bueno, y yo sabía que no hubiera estado bien enfadarse con una anciana a la que había ayudado con la secreta esperanza de que fuese una hechicera que se desplumara por mí.

El gran Benito Godoque

Uno de los primeros clientes verdaderos que apareció por mi librería fue Benito Godoque. Lo fue hasta el último día en que resistió y enseguida nos hicimos grandes amigos. Algunos de los momentos más divertidos de mi vida, por más trágicos que debieran haber sido si atendiéramos a su naturaleza, sucedieron a su lado. Benito Godoque no es su verdadero nombre, pero con él firmaba todo lo que le publicaban y no falto, al llamarlo así, a cierta heterónima verdad. Se dedicaba a pegar por toda la ciudad carteles de quienes le pagaran por hacerlo. Se podía deducir si corrían buenos o malos tiempos por el tamaño de los mismos y la actividad que proclamaban: enormes para anunciar conciertos, exposiciones y espectáculos gratuitos cuando llovían las subvenciones oficiales, o de peor calidad y sin llegar al A4 siquiera, de prestamistas argentinos que llegaron a Sevilla cuando, en uno de sus muchos ciclos económicos, se nos acabó el dinero.

Benito tenía algunos años más de los que su apariencia inducía a calcularle. A menudo vestía una cazadora verde militar con un parche del *Teniente Risitas* en un hombro y solía vivir riendo. Nunca tomó café, por lo que, en una tarde, podíamos pedir a la cafetería de al lado tres colacaos para él y cuatro expresos para mí. El colacao se lo traían con el sobrecito cerrado que contenía el cacao en polvo cubriendo el vaso y jamás he conocido ni conoceré, estoy segura de ello, a nadie más torpe con los líquidos ni forzando sobres. Creo que ni una sola vez logré, por muy lejos de él que me ubicara, que no me tirara una buena cantidad encima, otro tanto sobre los libros que le quedaran más cerca y una buena dosis sobre su propia persona, por lo que le quedaba muy poca cantidad en el vaso para reconfortarse. Está claro que si, nacida en septiembre, era capaz de aguantar ese sufrimiento diario, era porque su compañía compensaba. Y mucho.

Decía de sí mismo que era *el peor poeta del mundo,* honor que defendía con ahínco y temiendo, cada mañana, que llegara un gañán aún peor que él y se lo arrebatara. Tenía la desfachatez de presentar cualquier cosa (e insisto en cualquier cosa), aunque nunca una novela, al premio Nadal, por ejemplo, por más que yo le recordara que el dinero que gastaba en los sellos eran cafés y colacaos perdidos. Me hizo prometer que, si lo ganaba, le acompañaría a Barcelona a recogerlo vestida de flamenca. Lo hice, claro, por encontrar poco arriesgada mi promesa.

Un día llegó muy contento porque había mandado algo a un premio literario que convocaba el Ayuntamiento de Calatayud. Apenas si le había dado tiempo a Correos a llevar hasta allí su sobre timbrado cuando, desde dicha ciudad, se pusieron en contacto con él para comprarle los derechos de su obra. Diez mil pesetas le pagaron.

—Qué bien, Benito. ¿Qué has escrito? ¿Me lo dejas leer?

—Es muy cortito, te lo puedo recitar.

—Estoy impaciente.

—«Si vas a Calatayud, no preguntes por la Dolores, que está harta».

No tuve que preguntarle si hablaba en serio, porque siempre lo hacía y porque todas sus aventuras eran, en el mejor de los sentidos, igual de anormales.

—Benito, te la han comprado para que ya no te pertenezca esa frase y no la puedas difundir por ahí, ¿comprendes? Ahora es de ellos en propiedad y la enterrarán. Seguro.

—Me da igual. Diez mil pesetas. Voy a ver si se me ocurre algo con Fuenlabrada.

Creo que a la presidencia de la isla de Manila les mandó algún texto donde explicaba que un mantón de Manila no es lo mismo que un montón de Manila, pero no picaron, no llegó el correo o les dio igual.

Sostenía que un trabajo es malo si te impide organizarte para tener tres meses largos de vacaciones, como en la infancia. De junio a septiembre se iba a la playa de la Antilla, donde veraneaba junto con su familia y solo venía a Sevilla en días sueltos para algunas gestiones. Un día, paseando por la orilla al atardecer, cuando casi todo el mundo está ya duchándose en sus apartamentos y pensando en la cena, se cruzó con García Márquez, quien también paseaba solo.

—¿Me permite que le moleste un momento, don Gabriel?

—Claro.

El pobre pensaría que le iba a decir algo bonito o a pedirle un autógrafo.

—He disfrutado mucho algunos de sus libros pero, en mi opinión, la mejor novela que se ha escrito nunca es la letra de «Pedro Navaja». ¿Qué opina usted?

El Nobel se mostró completamente de acuerdo, pero yo creo que era muy listo y se dio cuenta al instante de que, si le llevaba la contraria, acabaría por tener que sacudirse de encima los restos de dos colacaos.

Una tarde, Benito apareció por la librería completamente destrozado. De los tres grandes amores de su vida, la primera había fallecido en un accidente de coche, viajando juntos, hacía muchos años. Con la segunda, que vivía lejos y era una gran amiga, estaba retomando un contacto que disfrutaba y le hacía mucho bien. Aquella tarde, la familia de esta le dio la noticia de que acababa de morir practicando un deporte de riesgo, algo relacionado con las motos y cuyo nombre no consigo recordar. Estaba desolado y no soportaba la idea de quedarse solo. Cuando llegó la hora de cerrar, recogimos juntos a mi hija de la guardería y allí cerca, en un bar de la calle Dueñas, nos tomamos algunas cervezas. De pronto y sin venir a cuento, no pude evitar un pensamiento ni, por más que intentaba controlar mis músculos faciales, disimular que me estaba dando un ataque de risa.

—¿Qué te pasa?

—Nada, de verdad.

Y otra vez aquella carcajada en ciernes, luchando por salir del interior de mi persona.

—¿Qué se te ha ocurrido ahora?

—Nada, de verdad, Benito.

Yo no podía ni hablar. Tampoco lograba asesinar aquellas ganas locas de reír.

—Yo también necesito reírme, ¿no te das cuenta? Compártelo.

—No, que me matas y con razón.

—Prometo no matarte.

—Da igual, no querrás seguir siendo mi amigo y, para mí, será peor.

—Que me lo cuentes, por favor.

—Bueno...

—Venga, cobarde.

—Nada, que, de pronto, se me ha ocurrido que tu historia sentimental es igualita que el cartel de Pozoblanco.

A Benito le dio un ataque de risa y ya pude acompañarlo tranquilamente. No había quien nos parara y, aunque no estoy segura, creo recordar que en el bar nos invitaron a buscar otro sitio. Mi hija se divertía mucho también y nos acompañaba bailando y dando palmas.

—Ay, mira que eres mala.

Lo dijo secándose las lágrimas de la risa y a mí me hizo mucha ilusión, pues soy la típica persona de la que a menudo se dice que es encantadora, cosa que no deseo ser pues me incomoda su proximidad con la cobardía. Ni muerta. Yo quiero ser un incordio soportable.

Uno de los relatos cortos que escribió Benito y que no le premiaron, menos mal, me tenía por protagonista. «De cómo estuve un minuto enamorado de Belén Rubiano.» Apenas llenaba medio folio y en él contaba una tarde en que llegó a la librería, el sol entraba por las ventanas y yo estaba leyendo. Sonaba algún disco de fados que tantas veces fueron la banda sonora de Rialto. Al entrar y verme, aunque hacía ya tiempo que nos tratábamos, se enamoró de mí de golpe, porrazo y para siempre. Yo levanté la vista del libro al sentirlo y, por lo visto, le dije:

—¿Sabes, Benito? Hoy no ha entrado nadie, eres el primero y, ayer, igual. Y, así, casi todos los días. Me siento como la última esposa de Barba Azul, cuando ve huir sus últimos minutos de vida y su hermana, que otea el camino esperando auxilio, solo puede darle noticias de la senda desierta y del socorro ausente. Eso es lo que yo veo sentada aquí: el polvo que polvorea en las ventanas y una plaza demasiado vacía. Estoy pensando en cerrar e irme a vivir a Portugal.

Entonces, se desenamoró de mí y miró su reloj. Había pasado un minuto de nuestro amor eterno. Yo le agradecí mucho la gentileza de que solo fuese un minuto y se le pasara, pues todo el mundo sabe que nadie aguanta a un genio ciento veinte segundos y, para colmo, enamorado de ti.

Al lado de mi librería compartían despacho dos abogados que también comenzaron a ser clientes asiduos. Con el tiempo, emplearon a una de mis hermanas como secretaria y, a día de hoy, sigue trabajando con ellos. Eran amigos de Benito y le dejaban utilizar algún rincón del bufete como almacén de sus carteles. Ya el primer día que vino y nos conocimos, me preguntó si podía hacerle el favor de dejar los que llevaba a cuestas en mi almacén, que, como sabéis, era el cuarto de baño. Por supuesto, le dije que sí. Al día siguiente se presentó con bastantes más e igual hizo todos los siguientes. Antes de acabar la semana, aunque yo no lo sabía pues se le había olvidado informarme, todo su material de trabajo (incluidos los rollos de celo) estaba en mi librería, de donde solo salió el día que la cerré. Cuando amablemente le pedí explicaciones (no porque me pareciera mal, sino por saber), me dijo que como el despacho de los abogados estaba en un cuarto piso (el eficiente ascensor no fue nombrado) y muchos de los carteles eran de gran formato, enrollados de cien en cien pesaban una barbaridad y le venía mejor mi librería. Godoque daba trabajo por horas a estudiantes de Periodismo para acompañarlo a pegar carteles de amanecida. Yo misma, cuando esos estudiantes me hablaban de sus penurias para financiar sus estudios en Sevilla los remitía, si pensaba que podían congeniar, a Benito. Seguía sin tener muchos clientes de verdad pero, todo el día, la librería empezó a ser un trasiego continuo de veinteañeros que, sin apenas mirarme, solicitaban pasar al cuarto de baño porque allí estaban los carteles que necesitaban. Más adelante, corriendo el tiempo, Benito se sinceró.

—Es que me dicen que eres más guapa que los abogados y que les impones menos. Como no puedo pagarles mucho, no es mal aliciente para que no se marchen, ¿verdad?

Por eso había trasladado su almacén.

Todos los autores no son iguales

Si estáis leyendo estas páginas es obvio que he cruzado la calle, he conseguido publicar este libro que tenéis entre las manos y he ingresado en la cofradía de los autores. Como cualquier recién llegado, mi puesto está junto a la cruz de guía y los monaguillos, muy lejos del palio por supuesto, pero en la misma acera donde viven quienes se pasean por las librerías a ver cómo va su libro, a reñirte si lo tienes pero no lo vendes, a censurarte aún más si no lo tienes o, lo que es peor, a encargarte ocho ejemplares que no tienen la menor intención de recoger. Sobra que afirme, supongo, que intentaré portarme bien.

En mi librería, casi antes incluso de que llegaran los clientes de verdad, empecé a sufrir o a disfrutar (según) a algunos autores y, como también he podido comprobar en muchos otros ámbitos de la vida, cuanto más notable e importante era el escritor, más respetuoso y humilde era sin excepciones su trato.

Aunque mis clientes no se interesaban por los libros más vendidos en grandes superficies y otras librerías, de vez en cuando, temerosa de ser la auténtica culpable de una de esas profecías autocumplidas tan tontas, pedía en firme y en pequeñas cantidades algunos títulos. Una mañana entró un chico joven, poco mayor que yo misma, que había estado mirando un buen rato el escaparate. Como la trasera del mismo también era de cristal, desde el interior de la librería se veían perfectamente las contraportadas de todos los libros que estaban en pie. Tras darme los buenos días, se quedó otro buen rato mirando el escaparate desde dentro. Pensé que igual le apetecía hojear alguno y no se atrevía a pedirlo.

—Si quieres echar un vistazo a algún libro, solo tienes que decírmelo.

—Sí. Bueno, no. Gracias.

Y seguía mirando, embobado. Me intrigaba un poco su actitud y lo notó.

—¿Se vende ese libro?

Y señaló uno.

—¿Cuál, el de Planeta?

—Sí.

—Yo no lo vendo, la verdad. Pero tendrías que preguntar en otra librería, pues no es el tipo de libro que me piden.

—Pero lo tienes.

—Sí, por intentarlo...

Planeta había empezado, hacía algún tiempo, a poner una fotografía muy grande del autor que ocupaba media tapa trasera. De pronto, reparé en que era el mismo rostro quien me estaba preguntando.

—Anda, pero si eres tú.

—Sí...

Lo reconoció muerto de vergüenza, mientras yo sacaba el libro del escaparate y empezaba a leer fragmentos al azar.

—Pues te deseo mucha suerte. Y felicidades.

—Muchas gracias.

—Te prometo que lo voy a leer y, si me gusta, lo recomendaré.

—Gracias, de verdad.

Para evitar que la lengua no vaya por delante del pensamiento, cumplir todo lo que decimos (aunque nadie se vaya a enterar siquiera) es un remedio excelente: me costó pero lo leí. Me pareció una novela muy irregular de alguien que tenía juventud y talento; lo primero se arreglaría por sí solo. La trama no la recuerdo, pero era como si el guardián entre el centeno hubiera desayunado cereales de Ray Loriga. El autor ha seguido publicando todos estos años y a día de hoy es un reconocido dramaturgo, lo que me alegra mucho aunque no tenga por qué ni me guste el teatro, pero supongo que quiero pensar que doy buena suerte. Aunque él también me deseó bonanza con mi librería y prometió volver, nunca lo hizo. También es verdad que le fue bien y en pocos meses creo que ya pasaba más tiempo en Madrid que en Sevilla.

En otra ocasión, al poco de abrir y en mala hora, una tarde apareció un señor mayor por Rialto. No era, pese a su edad, un anciano; pues todo en él imponía temor y vigor. Muy alto, era dueño de un vozarrón que me regalaba siempre, aunque yo lo oía perfectamente. Poseía también una gran barriga de esas que parecen empeñadas en lanzarse al suelo por encima del cinturón.

—Buenas tardes, joven, quisiera hablar con el gerente de esta librería.

—Pues es su día de suerte, porque ya habla con ella.

Entonces me contó, con palabras muy distintas a estas mías y resumiendo mucho, que era catedrático de Física jubilado, que tenía su casa llena de mil novecientos ochenta y tres ejemplares de una autoedición innoble de su obra magna de los que, casualmente, diez ejemplares estaban dentro de la bolsa de plástico que traía consigo y que había dejado a sus pies, de donde los extrajo para mostrármelos. A él le parecía que hasta la portada era buenísima y no se explicaba que apenas si había conseguido librarse de los diecisiete ejemplares que regaló a su familia. Yo sigo estando segura de que el diseño de cubierta era suyo y lo había coloreado el menos dotado de sus nietos. Por supuesto, pretendía dejármelos en depósito, ya que no tenía nada mejor que hacer por las tardes que pasear por Sevilla buscando gente como yo y porque su mujer habría jurado ponerlo a dieta si no compraba una trituradora y empezaba a aligerar las existencias de su aportación a la historia del conocimiento científico.

—Mire, yo no tengo ningún inconveniente, pero me apenará si no se los vendo. Muevo más las humanidades que las ciencias.

—No se preocupe, si ya le digo que tengo muchos. Pero este libro se va a vender solo.

Me pareció mezquino preguntar, si llevaba tanto tiempo impreso desde que asesinó al árbol —miré la fecha de edición y creo que era de 1987— por qué no se habían vendido solos ya.

—No solo está todo muy bien contado, para que el lego pueda entenderlo, sino que mi teoría es revolucionaria. En este libro afirmo que el universo, finalmente, es plano.

Soy muy educada y una actriz de primera cuando no quiero ofender a gente mayor, por ejemplo, pero algo debió notarme, pues se apresuró a aclarar con mucho énfasis.

—¡Afirmo y demuestro! Y demuestro, ¿eh? Usted no se preocupe por nada. Mire, si quiere, se lo explico ahora mismo.

No quise, claro, aunque me excusé con que me faltaba el tiempo, no las ganas de aprender.

—Bueno, pues los vamos a poner aquí y ya verá cómo, la semana que viene, le tengo que traer más.

De la primera mesa de novedades, sin pedirme permiso, retiró una pila de *El dios de las pequeñas cosas* y me los tendió como si fuesen una porquería. Empujando un poco a los demás, colocó en el hueco ganado sus diez ejemplares de aquel gran tratado de la física moderna y me pidió los datos fiscales de la librería para cumplimentar el albarán de depósito que ya traía medio rellenado. Yo no veía el momento de que se marchara para seguir leyendo tras colocar un volumen en Ciencias —le había dado mi palabra—, los nueve restantes en el baño, digo en el almacén, y devolver a su sitio los ejemplares de Arundhati Roy.

—Pues la semana que viene me paso y le traigo diez más.

Ya me imaginaba, con todo lujo de detalles, sepultada poco a poco, semana a semana, bajo los casi dos mil libros que le quedaban y el triste destino de la pequeña cerillera de Andersen me iba pareciendo menos trágico.

—No, discúlpeme, pero un poquito del fondo que muevo sí que sé. Usted me puede dejar sus libros si lo desea, que no les pasará nada malo, pero me apunta su teléfono en el albarán y yo prometo llamarle si se venden, pero no hace falta que mientras tanto se moleste en venir, que me daría mucho apuro tenerle que decir que no se han vendido.

—¿Me llamará aunque se venda uno?

—Aunque se venda uno, que comprendo que es una alegría y querrá saberlo. Si lo vendo, prometo llamarle.

Creo que, cuando unos años después, cerré la librería, lo que menos pena me dio de todo, fue librarme de él y sus diez ejemplares. Lógicamente, su libro no se vendía. Se lo mostré a algunos de los habituales de Rialto por si fuera posible darle una buena noticia al autor, ya que no era tan caro y, a lo mejor, a mis amigos no les importaría pagar su precio por poder tener en su biblioteca la prueba irrefutable de que a finales del siglo XX aún vivían almas tan imprudentes. Incluso dentro del cuerpo de un catedrático de Física, que me informé y era verdad y todo. Pero ni por esas, y al cabo de unas semanas, claro, volvió por mis fueros.

—Buenas tardes, ya lo siento, pero no le he llamado porque no se ha vendido ni uno.

—¡Qué lástima! Yo venía con la ilusión de que le hubieran cortado el teléfono por falta de pago y por eso no había podido avisarme.

Era encantador y, os recuerdo, me hablaba a gritos. No como se les habla a los sordos, sino a los tontos. Él se ve que no lo era ni tenía mala memoria pues empezó a buscar con la mirada su resma de libros en el mismo lugar donde el primer día los dejara.

—Pero no están. ¿Los ha vendido y no me quería dar el porcentaje, verdad? Ahora liquidamos y le dejo otros diez que, casualmente, traigo en esta bolsa.

—No, verá. Un ejemplar lo tengo en su sección y los nueve restantes en el almacén.

Aún me acuerdo de la bronca que me dedicó. Que cómo se iban a vender así, que así no vende un libro ni Espasa, que yo no sabía hacer bien mi trabajo y acabarían por cortarme la línea telefónica merecidamente, además. Por falta de energía propia, sobre todo, primero lo dejé desahogarse y a continuación le aclaré, de una vez por todas, las dudas que tuviera acerca de la calidad de mi paciencia.

—Mire, lleva usted tanta razón en cada una de sus palabras que solo puedo disculparme por haber tratado tan mal sus libros. Ahora mismo los saco del almacén y usted los lleva a otra librería, donde se van a vender solos.

Aquella primera fue la última vez que intentó convencerme de que tenía que volver a poner su pila en la mesa de novedades.

—Es que, si no los tiene aquí, donde están estos que no valen nada, que más de la mitad son novelas, y no les cuenta a sus clientes mi teoría, no los va a vender.

—No se hable más, ahora mismo los saco y se los lleva usted.

—No, no, no...

—Ya lo creo que sí. Ahora mismo. Que tiene usted razón.

—No, por favor. Si tengo casi dos mil. Vamos a dejarlos donde están, a ver si se venden. Ya vuelvo dentro de un tiempito.

—Usted no se tiene que pasar por aquí para nada. O le parece bien que le llame yo si se vende uno, o se los lleva todos ahora mismo.

—Bueno, pues usted me llama.

A los dos o tres meses, como mucho, volvía a visitarme. Una vez que lo vi cruzar la plaza antes de que entrara, cogí sus diez ejemplares y lo esperé en la puerta con
ellos en el regazo.

—No, si pasaba a saludar.

—¿De verdad que no se los quiere llevar a una librería
mejor?

—No.

—¿A su casa tampoco?

—Usted quiere que me mate mi señora, ¿verdad?

No pocas veces, los autores me encargaban varios ejemplares de su libro sin la menor intención de pasar a recogerlos. Si me daba cuenta del engaño antes de recibirlos,
llamaba por teléfono al distribuidor y anulaba el pedido.
Si no, primero los pagaba, luego los devolvía y esperaba
su abono con la misma necesidad que un poco de brisa
en las noches más tórridas del verano. Pero me hacían
quedar mal con los distribuidores por el trabajo administrativo, contable y de logística malgastado y, aún
peor, con el banco que llevaba mis cuentas y decidía si
yo era, o no, digna de crédito. Algunos de los tiernos
pícaros eran los mismos profesores de la Facultad de
Periodismo o Comunicación. Como muchos de mis
clientes eran alumnos o también impartían clases allí, en
ocasiones, viendo quince ejemplares de un título en el
alféizar interior de la ventana donde yo ubicaba tempo-
ralmente los libros encargados y que esperaban su reco-
gida, me preguntaban:

—¿Cómo es que tienes tantos ejemplares de ese libro
de fulanito?

—Los ha encargado un señor.

—¿Es así y asao?

Y me lo describían en sus andares, atuendo y rasgos más distintivos.

—Igualito.

—Pues ya los puedes devolver. Siempre hace lo mismo.

No tenía mucha gracia, la verdad.

La filia de encargar libros en cinco librerías, suponiendo que al menos una hará bien su trabajo, tampoco es infrecuente.

—Buenos días, ¿fulanita de tal?

—Sí, dígame.

—La llamo de Rialto, acabo de recibir el libro que me encargó.

—¡Ah!, pues verá, es que ya lo he comprado. Ayer, precisamente, en Hipercor, que me lo encontré de frente y qué iba a hacer...

—¡Ah! Y ¿por qué me lo encargó, entonces?

—Porque no creí que se fuera a ocupar en serio.

—Pues nada, la dejo que de la devolución sí me tengo que ocupar cuanto antes, a ver si me entra en este mes su abono.

—No lo devuelva, por lo visto cuenta la historia de la construcción de una catedral y es precioso.

—Bueno, pues ya lo medito y veo lo que decido. Buenos días, señora.

—Buenos días, ¿menganito de tal?

—Sí, dígame.

—Le llamo de la librería Rialto, ya puede pasar a recoger el libro que encargó.

—¡Ah! Es que también lo encargué en otras librerías y la suya me queda más lejos. Si no me llaman de las demás, ya iré a recogerlo.

—No se preocupe, que lo devuelvo ahora mismo.

—No, por favor, no vaya a ser que en las otras no me lo hayan pedido.

—Bueno, pues así podrá confeccionar sus propias estadísticas y fabricar su *ranking* de librerías favoritas. Ya si eso otro día, en vez de encargarme esa clase de libros, charlamos sobre la eficacia de la seriedad en las relaciones sociales y comerciales.

—No la habré molestado, ¿verdad?

—En absoluto, me ha alegrado usted la mañana. Es la suerte que tenemos los raros, que todo nos divierte.

—Pues sí, qué envidia, yo me tengo que dedicar a ir encargando libros por ahí.

—Mucho más cansado, no le arriendo la ganancia... ¿Verdad que no?

Pero, en general, estos episodios eran menos recurrentes que en Asunción, ya que mis clientes no sentían gran inclinación por lecturas demasiado comerciales y solían encargarme títulos que deseaban o necesitaban y que muchas otras librerías preferían no atender por su dificultad, el tiempo que requería encontrarlos y porque, a menudo, no solo no se les ganaba nada, sino que se perdía dinero si la editorial ofrecía un margen del veinte por ciento y aún debías restarle los portes y las llamadas telefónicas invertidas. Una vez, tras un libro raro de

Fonollosa, me dijeron que solo podían ofrecerme un dieciséis por ciento de beneficio.

—Pero ¿no comprende que, cuando le sume los gastos, vender ese libro me costará quinientas pesetas de mi bolsillo?

—Es que nos quedan tres, que los vamos a vender igualmente, y no lo vamos a reimprimir.

—Pues nada, qué le voy a hacer…

A mí me encantaban esas peticiones de las que tenía que ocuparme con morosidad detectivesca. Editoriales minúsculas y sin distribución que resistían en las poblaciones más recónditas del mapa, archipiélagos incluidos, y de las que acababa por conseguir el teléfono. Luego, en mi tiempo del almuerzo, tenía que ir a la oficina de Correos a recoger el libro asumiendo los gastos de envío, pues nunca me pareció bien cobrar otro precio que el fijado en el catálogo. Tampoco les decía a los clientes nada de la ausencia de ganancia en mi gestión, pues es verdad que un favor que se echa en cara queda anulado y pierde toda su virtud, por no mencionar que a todo el mundo le gusta creer que con su compra está contribuyendo a que puedas sustituir una bombilla si la anterior se funde.

—¡Anda que no te dejo dinero!

Tuve que oírlo muchas veces, aunque quiero creer que mi memoria no me falla y yo no he pronunciado esas palabras jamás. Sería una frase y un pensamiento legítimos si, por ejemplo, la dejara caer en una frutería sin llevarme nada a cambio de entregar algún billete, chico o grande. Pero si en una bolsa me han metido un montón de fruta y verdura en feliz cambalache por mi trocito de papel moneda, creo que lo único que puedo esperar es calidad en la mercancía y el trato más amable que sea posible. Como mucho, si soy clienta habitual, que me agradezcan o reconozcan alguna vez esa fidelidad con cuatro palabras, en cuyo caso yo estaría obligada a reconocer, en voz alta también, que mi apego no obedece al masoquismo, sino a todo lo contrario.

De todos modos, disfrutaba mucho rastreando piezas difíciles y confiaba en adquirir buen nombre como librera. Muchos de esos libros tan esquivos eran, además, joyas de las que yo no había oído hablar y cuyo descubrimiento debía a mis clientes.

Hay gente que merece ser estudiada (de lejos)

Tampoco sentí ninguna pena por librarme de otro no cliente, cuyo nombre recuerdo perfectamente, que me estuvo maltratando casi desde mi primer día y hasta que cerré, pues vivía cerca y no se dedicaba a nada de provecho. Andaría estrenando los cuarenta y había conseguido una baja laboral de esas que se prolongan hasta la jubilación y que, si era por alguna patología mental, sin duda era justa. Como no tenía nada que hacer con su vida una vez que, por las mañanas, dejaba a sus hijos en el colegio, estaba muy implicado en la Asociación de Padres y Alumnos del mismo —puedo imaginarme las ganas que tendrían de perderlo de vista— y en visitarme con mil preguntas sobre libros, aunque jamás sintiera la menor necesidad de comprar uno, ni siquiera para tirarlo más tarde y solo por coherencia. No era ninguna lumbrera, ya que todas sus preguntas se referían a libros de las colecciones infantiles de Alfaguara, Bruño o SM. También me obsequiaba con consejos tan generosos como desinteresados sobre, por ejemplo, cómo debía yo, según él, reestructurar algunas secciones. Tan desagradecida soy que nunca seguí ni una de sus asesorías gratuitas, pero, como lo trataba con educación y, culpable, intentaba que no se me notara la antipatía tan feroz que le tenía, volvía con regularidad. Para colmo —ignoro si solo le ocurría en mi presencia—, se ponía muy nervioso y esperar a que completara una de sus frases me cansaba más que concluir una odisea.

Un día, como si supiera que yo estaba a punto de cerrar por minucias financieras, supongo que quiso ayudarme dándome la puntilla, lo que en términos taurinos significa dar muerte a la bestia.

—Buenos días, hoy vengo a encargar unos libros.

Por supuesto, necesitó media mañana para completar esa oración tan breve y tan ufana.

—Pues dígame.

—*Fray Perico y su borrico,* en Barco de Vapor.

—Creo que tengo tres ejemplares.

—Necesito dieciocho.

—¿Tantos?

No me fiaba ni un pelo de él.

—Sí, es para la clase de mi hijo pequeño. Me he ofrecido para reunirlos y comprarlos.

Dieciocho; era un número raro para el cupo de un aula de primaria y se lo dije.

—Sí, es que Carlos Gómez lo tiene de su hermano mayor, Lucía Escobar y Lucía Jiménez lo van a sacar de la biblioteca, porque los padres no tienen trabajo y...

—Vale, vale, dieciocho.

No me fiaba.

—Y cuando los reciba, que puede ser mañana, ¿usted los avisará para que vengan a recogerlos? Igual prefieren comprarlos en otras librerías.

—No, mujer, cómo se los iba a encargar entonces. Los

niños le van a dar el dinero a la profesora y ella a mí. Yo vengo, se los pago y los recojo todos.

—Bueno, pues cuando se lo confirmen, llámeme y los encargo. Ya le digo que SM sirve de un día para otro.

Intentaba por todos los medios a mi alcance posponer el encargo pues sabía que, de algún modo, me la iba a pegar. Igual, muriéndose, pero no recogería los libros, que hay cosas que se saben.

—Nos corre mucha prisa, encargue los quince que faltan hoy mismo, por favor.

Y lo hice, claro. Al día siguiente lo llamé, pues había recibido los libros.

—¿Don Fulano?

—Sí.

—Soy Belén, de Rialto. Ya tiene aquí los *Fray Pericos*.

—¿Qué *Fray Pericos*?

—Los que me encargó ayer. ¿De verdad no se acuerda?

—Sí, sí, claro.

—¿Entonces?

—Verá, que yo creí que usted ya me conocía un poco y no los iba a pedir.

—¿No va a venir a recogerlos?

—Pues no. ¿Para qué quiero tantos *Fray Pericos*? Lo siento mucho, pero no pensé que iba a creerse lo que le conté ayer.

—…

—Pero es un libro muy bonito, puede venderlos fácilmente.

—¿Puedo pedirle algo, don fulano?

—Claro, si la puedo ayudar, será un placer hacerlo.

—Sí que puede. No vuelva por aquí, ¿me entiende? No vuelva. Nunca. Es un mensaje muy sencillo.

Mi voz era débil, pero firme. Y salada, pues se me caían las lágrimas. En la librería sonaba un disco de Cesária Évora que tampoco ayudaba mucho a que yo le viera el lado divertido a la historia.

—Nunca. No debo volver.

—Eso es. Jamás.

Más adelante, hablaré de la pizarra que cada mañana colgaba en la puerta de la librería renovando a diario el texto o los versos que, con tizas de colores, en ella escribía. Uno de los méritos de la pizarra, y por eso gustaba tanto, era mi atrevimiento y falta de pudor para escribir en ella cuanto me apetecía. Solamente una vez no cedí a mi arbitrio. Aquella que tanto necesitaba dedicarle a él y a otras ranas de su charca. La encontré, creo, en un libro de Eduardo Galeano:

SI NO TIENE NADA QUE HACER,
POR FAVOR,
NO LO HAGA AQUÍ.

Faulkner, el fuego y César Romero

Pero era muy feliz en Rialto. La mayor parte de quienes visitaban la librería y la elegían como propia eran personas maravillosas o andaban muy cerca de serlo. César Romero fue uno de los primeros.

Apareció una tarde por la librería porque su entonces novia —desde hace muchos años su mujer— le había hablado de ella y vino a conocerla. Desde aquel día, somos amigos. Creo que no he conocido a nadie con una voluntad lectora y un criterio como el suyo. Aunque nuestros gustos o intereses, leyendo, difieran en ocasiones, en muchas son idénticos y los dos sabemos cuándo hemos encontrado un libro que el otro disfrutará o anda buscando sin saberlo. Ni hablamos mucho de nada, ni nos parece necesario contar con palabras los libros que leemos, aunque podríamos pasar horas tal que así, si nadie nos detiene:

—¿Lo has leído?

—¿Debería?

—Cuanto antes.

—Vale.

—¿Te gusta mengano?

—Rijoso.

—Vale.

—Oye, tú has leído a zutana, ¿me gustaría?

—Tiene tal cosa, de 2003 y en tal editorial, que sí. De lo demás, nada.

—Vale.

Rafael el Gallo y Belmonte, ya mayores, se sentaban a ver pasar la vida en la puerta de los cafés que aprovechaban la sombra del siglo pasado en la calle Sierpes. Apenas hablaban entre ellos e imagino sus intercambios de impresiones muy parecidos a los nuestros. Porque envejecer implica, creo, entre otras muchas cosas, la necesidad de encontrar con quién estar callado y el cultivo hacendoso de dicha compañía.

Al poco tiempo de empezar a venir por la librería, César publicó su primer libro y me trajo, como es lógico, algunos ejemplares. Uno de ellos fue al escaparate, de donde, en casi tres años, no se movió. Se trataba de un volumen de relatos: *La cerilla de Faulkner.* Con los años, ha seguido publicando más cuentos, novelas e incluso algunas pequeñas, solo en paginación, memorias. Aunque es verdaderamente bueno y hasta tiene el honor de ser miembro del Reino de Redonda, a sus libros les pasa lo que, en mi opinión, es casi lo peor que le puede suceder a uno: estar en editoriales equivocadas.

Una tarde me encontraba con Serafín, quien también leía como el rayo, comentando libros de viajes y viajeros y oyendo, casi seguro, el *Réquiem* de Mozart en el equipo, pues le encantaba. Por entonces, siempre tenía alguna vela de olor encendida para contrarrestar el del tabaco, ya que en las librerías, antes de que la ley lo vetara en todos los espacios públicos y cerrados, se fumaba como si fuese algo saludable. Serafín, además de fumar mucho, nunca fue cicatero en sus aspavientos y, si un día no me gastaba alguna broma, lo daba por perdido.

De pronto, abriendo los ojos tanto como lo permitían sus músculos, compuso una mueca de espanto y empezó a agitar los brazos como un ventilador, aunque sin pronunciar palabra, si acaso unos sonidos débiles y guturales que no eran propios de él. Hasta cierto punto, entraba dentro de lo normal y ni me inmuté. Poco a poco, me fue extrañando que no se aburriera de la pantomima y que pareciese verdaderamente asustado. También fue de gran ayuda el notar a mis espaldas un calor muy sentido y el resplandor de una llamarada que se duplicaba en el cristal de la vitrina de enfrente.

En el antepecho de la gran ventana donde estaba el mostrador solía colocar una pila muy alta de libros pendientes de marcar y ubicar en las mesas o en su sección. Cuando me giré, vi que el fuego envolvía todo el rimero de libros, pues la vela encendida había prendido un albarán intercalado entre dos volúmenes.

Creo recordar que lo sofocamos con toallas traídas del cuarto de baño, pero el caso es que cuando quise evaluar los daños comprobé lo que a día de hoy sigo sin explicarme: solo habían ardido dos libros muy alejados entre sí en la pila. Uno de ellos, casi abajo del todo, era *Los quemados,* una novela histórica publicada por Edhasa. El segundo, arriba del todo, no era otro que *La cerilla de Faulkner*, el ejemplar que César me había regalado recientemente y que andaba leyendo antes de que llegara Serafín y nos diéramos a la cháchara. Su autor conserva el ejemplar dedicado por mí que decoloró el tiempo y la luz de Sevilla en el escaparate de Rialto. Yo soy la dueña del que, dedicado por él, ennegreció el fuego y el fulgor de un instante.

Estoy segura de que ninguno de los dos prestará nunca el suyo.

Los hilos invisibles

Aunque eran excelentes lectores y compraban muchos libros, ya que no eran pocos los que leían como si fuese un consuelo de todo lo que le falta y sobra a la vida real, una bonita diversidad de personas empezó a venir también con cualquier excusa y dejaron de ser solo clientes para ser también amigos. Entre ellos coincidían, reincidían y tampoco era raro que empezaran a tejer alguna forma de amistad o vínculo.

Una de esas tardes de fuego del mes de julio en Sevilla, mucho más crueles que las que suelen dar su fama a agosto y a esa hora en que ningún alma se atreve con sus calles desiertas, César se había acercado a la librería. Tan insoportable era la temperatura que, a riesgo de vencer con su peso las escuadras que sostenían el aparato antiguo de aire acondicionado, nada más entrar se sentó encima para recuperarse del golpe de calor. Poco después, entró por la puerta Benito Godoque y le extrañó encontrar a alguien sentado allí, supongo que por el peligro de que su corpulencia descolgara la máquina con gran estropicio de los famosos azulejos de Mensaque.

—¿Qué hace usted ahí? —le preguntó Benito, con tono más bien desabrido y sin importarle si yo encontraría o no conveniente la pregunta, pues era la única responsable de la salud de la máquina de frío.

—Nada, pero me estoy refrescando los huevos.

Entre amigos, como en el sentimiento amoroso, también se da el flechazo, por más que la mayoría de dichos lazos nazcan frágiles y se fortalezcan con las vivencias en común y los años cumplidos. Benito y César conectaron desde ese momento, lo que me procuró muchísimos motivos de diversión. Además, ser testigo de su mutua compañía era, a menudo, tan desopilante como tierno. Poco tiempo después de este primer encuentro, Benito celebró su cumpleaños e invitó a algunos habituales de Rialto, César entre ellos. Este le regaló, cuando eran casi imposibles de conseguir, pues ninguna tienda los había devuelto aún a la minoritaria actualidad presente, un disco en vinilo de Manolo Otero, y sus razones tendría, aunque yo las ignore. Lo prodigioso fue que Benito, que no lo sabía ni tenía por qué regalarle nada a César, pues era él el homenajeado, lo esperaba en la puerta del bar que cerró para nosotros con un sencillo también en vinilo de, justamente, Manolo Otero.

Además de ser testigo de los encuentros que se producían en mi librería, muchos de ellos reiterados sin que ninguna de las partes los propiciaran, conocía también otras coincidencias mucho más extrañas, ya que eran entre personas que nunca llegaron, hasta donde yo puedo dar informe de sus vidas, a conocerse ni a saber de esas citas sin desenlace.

Yo los llamaba, para mí misma, *otro episodio de los hilos invisibles*. A veces, clientes que venían muy de tarde en tarde por vivir lejos, por no ser de Sevilla o por leer poco, lo hacían, provocando (en el mismo día, aunque a otra hora) la visita de un segundo, siempre el mismo o la misma. Recuerdo a un señor de Algeciras que me encargaba libros de historia de América por teléfono y luego, cada tres o cuatro meses, venía un día a recogerlos todos. El mismo día, sin excepciones, aparecía por la librería una señora de su misma edad, quien tampoco solía frecuentarla y de la que nunca supe ni su nombre, pues pagaba en efectivo. Si él venía, yo la esperaba. Alguna vez, casi por cuestión de segundos, no llegaron a verse. Siempre tuve el buen tino, o eso creo, de no avisar nunca del otro tras sus pasos, pues nadie vive sin crisis y cualquiera es capaz de buscar excusas en cualquier parte para venirme luego con que si los daños y los perjuicios.

Como el hombre es un animal en busca de sentido y de señales, beberá mucho café, arrugará mucho su frente y fumará muchos cigarrillos intentando dar una respuesta a este enigma. Pero no la tiene, os lo aseguro. Nada se anuncia ni hay un propósito pero puede que, si Dios existe, también escriba versos malos los domingos por la tarde y se deshaga luego de ellos en las librerías.

¿Cuántas pasiones turcas hay bajo el sol?

Un día, a media mañana, apareció por Rialto una señora de cuarenta y tantos años. Por el recuerdo de su indumentaria, sería primavera o comienzos del otoño.

—Buenos días, ¿tiene *La pasión turca*, de Antonio Gala?

El libro, aunque seguía vendiéndose de vez en cuando, hacía muchos años que había dejado de ser un *best seller* y yo solo tenía la edición de bolsillo, que le ofrecí.

De espaldas a mí, se concentró en sus páginas y su contraportada. Parecía buscar algo que no encontraba.

—¿Esta es la única *Pasión turca* que existe? ¿No hay otra? El que yo he visto, no era así.

—Supongo que se refiere a la edición en tapa dura. Si la quiere, se la puedo pedir, pero tardaría un par de días en llegar.

—¿Son idénticas?

—Salvo por el precio y el diseño de la cubierta, sí. Al no ser una traducción, la edición normal y la de bolsillo son siempre gemelas.

—¿Palabra por palabra?

—Y punto por punto.

De pronto, se echó a llorar como una niña que se hubiera perdido en el bosque, engañada por sus padres. También parecía un poco mareada, por lo que saqué el taburete y se lo ofrecí, tratando de consolarla sin hablar, tan solo cogiéndole las manos y apretándoselas. Poco a poco, los hipidos se fueron espaciando y rebuscó en su bolso, en busca de pañuelos de papel.

—Me da mucha vergüenza, pero tengo que desahogarme. No puedo llegar así a mi casa.

—No tenga prisa ni se preocupe por mí.

Me miró fijamente, como si evaluara si merecía la pena que me contara su historia y pareció decidirse. Del bolso, revolviendo de nuevo en su interior, extrajo un juego de llaves y un sobre lleno de fotografías en color de diez por quince o así. Las imágenes en papel las fue separando y distribuyendo sobre los libros que estaban expuestos en una de las mesas de novedades. Sobre cada portada, una fotografía. Todas eran de una pareja de su misma edad. El hombre, orondo y calvo, no era nada atractivo. Vestía, por todo textil, unos calzoncillos blancos dados de sí que parecían de Ferry's o Abanderado y, si no era muy feliz, era un gran fingidor. Ella, bastante maquillada, iba algo más vestida, aunque bastante apretada y dorada, en mechas y complementos. También parecía, por su arrobo, tener todo cuanto deseaba. Algunas imágenes las habían tomado, usando el disparo automático sin duda, en un sofá y, otras, recostados en el cabecero tapizado en piqué rosa de una cama.

—Él es mi marido.

Se notaba perfectamente, pues no se parecían en nada, que la de las fotos no era ella, la de mi librería, y no pregunté.

—Ella es mi mejor amiga.

—...

—Era.

—...

—Las llaves son de un piso que han alquilado en Sevilla Este. Llevan meses viéndose en él.

—...

Volvió a llorar como si fuese gratis y le ofrecí un vaso de agua y pedir a la cafetería de al lado un café o una tila, pero lo rechazó todo.

—Hasta hoy no he conseguido sacar copias de las llaves. Vengo de allí.

—...

—Es un piso normal, se parece al nuestro. Solo que sin nosotros y sin nuestros hijos.

—¿Y las fotografías?

—En una mesita que tienen en la entrada había un montón de negativos. Los acabo de revelar yo, en uno de esos sitios que tardan una hora.

—¿También había un ejemplar de *La pasión turca*?

—No, pero cuando quedamos para desayunar, lo lleva en el bolso. Lo está leyendo. Ya le digo que somos muy amigas y nos vemos mucho.

—...

—A lo mejor, es tan sencillo como que yo lea ese libro, ¿no cree, usted? Pero el que tiene ella. El mismo, no uno más pequeño.

—Si quiere, se lo encargo, aunque hoy mismo lo encontraría en muchas librerías y no tendría que esperar. Yo creo que estaría tirando su dinero, si le interesa saber mi opinión.

—Ya...

—A menos que le guste mucho Gala.

—Nunca me ha gustado.

—Pues bastante tiene ya con lo que tiene como para leerlo, ¿no?

—Pues sí.

Al cabo de un rato, más repuesta, recuperó una a una las fotografías de la exposición efímera que había montado para mí y las volvió a guardar en su sobre. Me agradeció mucho que la hubiera escuchado y atendido, y se marchó prometiendo volver cada vez que en su casa necesitaran un libro que no fuese de Antonio Gala. Yo sabía perfectamente que antes vería a un banco regalar sus beneficios a los desheredados que a ella regresar por mucho que, en estos años, se haya acordado de mí tantas veces como yo de ella.

La pizarra

Había conseguido, casi desde el principio, que excelentes lectores y clientes me concedieran la regalía de su confianza, pero seguía pasando sola muchas horas del día y los números y las cuentas no salían de ninguna manera. No era raro que en toda la mañana no entrara nadie salvo para que le indicara dónde hacer fotocopias o comprar un bonobús. Con todas las familias con niños en edad escolar que vivían cerca, no entendía cómo no vendía más *Campos de Castilla*, *La Regenta* o *Charlie y la fábrica de chocolate,* que de tanto me habrían servido para sanear balances. Para regalos infantiles sí confiaban en mis recomendaciones y reponía muy bien los álbumes ilustrados, pero un infante cumple años cada cincuenta y dos semanas como mucho y al colegio va más.

Temiendo que, al ser la librería tan pequeña, mucha gente de los alrededores aún no se hubiera enterado de que estaba allí, se me ocurrió colgar en su puerta una pizarra para hacerla más visible. Bueno, también para dar, a quien la quisiera, lectura diaria y de balde, que me apetecía mucho, y para trastear con tizas, que desde pequeña nunca han dejado de fascinarme. Os doy mi

palabra de que aunque hoy en día es muy raro el pequeño comercio que no dispone de una, cuando la colgué
solo lo hacían los bares, ya para pregonar que tenían
Cruzcampo bien fría, ya para declamar por escrito su
selecto tapeo y sus someros precios.

Desde la primera mañana en que la saqué a la calle
solo me procuró felicidad y, ciertamente, atrajo a clientes nuevos, amén de una repercusión pública que me
vino muy bien y dio a la librería cierta notoriedad en
Sevilla. Incluso empezaron a llamarme de algunos periódicos para publicar alguna semblanza de la librería en
la sección de cultura. En letra grande, para que todo el
mundo pudiera leerla sin mayores dificultades y con tizas
de colores, cada noche, antes de cerrar, la limpiaba y
dejaba preparada para colgarla el día siguiente, pues era
lo primero que hacía nada más abrir. Fragmentos y versos que se renovaban con el mismo paso de las hojas del
almanaque y que, ciertamente, tuvieron su eco de diario
y su mordaza los domingos.

Para estar segura de que estuve allí y que aquella fue
mi vida no soñada, conservo ejemplares de periódicos
de aquellos años, cada día más pálidos y quebradizos,
en los que alguien se había molestado en escribir y firmar
una carta al director, celebrando y agradeciendo mi pizarra. Un tiempo más tarde, otro alguien escribía otra
carta al mismo director lamentando el cierre de mi librería, el mutismo de su pizarra y la triste pérdida para la
ciudad. Lo raro es que no hubiera sido así, pues quien
escribiera aquella elegía tan hermosa se refería a un alma
masculina al frente de mis libros, no a la librera que se
llamaba como yo. O sea, que nunca había pisado la
librería de la que tanto amaba su encerado. Salvador

Compán publicó un artículo donde la citaba que me hizo también mucha ilusión y, por supuesto, guardo con cariño. La pizarra que aquel día leyera su mujer al pasar por delante de Rialto y sobre la que él levantó su crónica era, además, de mis favoritas.

PECES Y TORTUGAS EN LIBERTAD ME VIENEN SIGUIENDO.
SU DONGPO

Un amigo y cliente que trabajaba en los Juzgados de Sevilla se servía, para los desplazamientos por la ciudad con objeto de notificar lanzamientos y esas cosas tan feas, de taxis acordados con la Administración. Lo que un día le dijo uno de sus taxistas de cabecera no pudo gustarme más cuando me lo contó, ni tengo el menor interés en olvidarlo:

—Pues yo, sea cual sea el camino más corto o rápido para cualquier trayecto que me pidan, paso por la plaza del Rialto siempre que puedo. Ahora le voy a llevar. Hay una librería que hace esquina y cuelgan en la fachada, todos los días, una pizarra. Me gusta muchísimo leerla, ¿sabe usted?

Tras ese plural, siempre estuve sola. Es lo único que le aclararía al taxista si, alguna vez, tengo el placer de darle las gracias.

A pesar de renovarla cada mañana, nunca me entrañó la menor dificultad elegir el texto que, a menudo, salía de lo que yo anduviera leyendo ese mismo día. El único criterio para elegirlo era que expresara con lucidez algún aspecto de la fragilidad humana (cuando son fortalezas, aún tienen más grietas) conforme a mi propia percepción de lo que no se puede decir mejor.

Soy una de esas almas que las mujeres dicen que
aman y nunca reconocen cuando ven.
Bernardo Soares

Gustó mucho. A la manera en que los alfileres gustan de confundir un acerico con un corazón, por supuesto. Algunas apócrifas también llegué a colgar. Si me apetecía decir algo, se lo atribuía sin el menor dilema ético o estético a Katherine Mansfield o a Simenon. Nunca me llamaron los herederos de ninguno de ellos para protestar o afearme mi manera de distraer las horas, pues se ve que, en apenas veinticuatro, no era probable que les llegaran noticias de mi descaro. Dejé de hacerlo porque al igual que muchas personas me empezaron a pedir el libro que recogiera esas citas y que nunca se imprimió, otras empezaron a confeccionar su propio libro en algún cuaderno elegido con mimo y no me parecía bien que conservaran, en negro sobre blanco, quizás para sus nietos, falacias mías.

Quienes vivían relativamente cerca procuraban pasar en algún momento del día para tomar nota de ella o le pedían a algún vecino de la plaza que se asomara un momento a copiarla. También, así fue como lo descubrí, me llamaron alguna vez por teléfono a la librería:

—Disculpe que la moleste, pero anoto desde hace dos años las citas de su pizarra y hoy, ni puedo pasarme, ni está en Sevilla una amiga que vive muy cerca. ¿Me la podría dictar?

De todos modos, muchos de los lectores que tenían mis tizas no eran clientes de Rialto, ni querían comprarme un *Alatriste* de nada. Al parecer, el único libro que deseaban adquirir era el de la pizarra, que no existía.

Ya he dicho antes que tenía poquísima vergüenza o ninguna y escribía, sin más criterio, lo que me apetecía compartir ese día. Lo mismo eran unos versos que te daban ganas de hipotecarte en algún amor eterno, que cualquier otro estropicio. Salvo un par de días contados, de verdad, no incomodó a nadie sino todo lo contrario. Solo una vez sí escuché comentarios desde la acera que procuraban, o eso me pareció, llegar intencionadamente hasta mis oídos.

—Sí, la librera se cree muy graciosa. Anda, vamos. Vámonos para casa.

Lo decía una señora, tirando del brazo al marido y ejerciendo demasiada fuerza, en términos anatómicos y observables. No recuerdo quién la firmaba siquiera.

EL SEXO ES LA ÚNICA ACTIVIDAD HUMANA EN LA
QUE EL PROFESIONAL TIENE UN ESTATUS
INFERIOR AL DEL AFICIONADO.

A grandes males, pequeñas locuras

Aunque no me quisieran comprar lecturas recomendadas ni *best sellers*, poco a poco me iba haciendo un hueco o en ello confiaba. Los sábados por la mañana solían ser buenos en ventas y tan pequeña era la librería que se nos quedaban escasos sus metros, lo que le venía muy bien a un hombre joven, delgado y de rizos muy negros para visitarme. Muy previsor, llevaba siempre consigo una bolsa de deportes donde metía los Pérez-Reverte que me robaba de cinco en cinco. Aunque lo tenía fichado, sabía aprovechar esos momentos en que estaba subida en la escalera alcanzando libros y, cuando me quería dar cuenta, ya veía su silueta ganando la plaza del Rialto hacia Santa Catalina y el pesado balanceo de mis libros en su bolsa. No penséis que tenía un trastorno que le hacía leer cinco veces la misma historia en ejemplares diferentes, es que los vendía, seguro, en el mercadillo de los jueves de la calle Feria, que para todo hay gente y hasta tendría familia que alimentar.

Casi peor era el cuidado que tenía que tener, en los meses de comuniones, para que un montón de madres, contra toda apariencia externa, me distrajeran si no me andaba con ojo la Sagrada Biblia en ediciones ilustradas para niños.

—Señora, lo siento muchísimo y lo estoy pasando peor que usted, pero he visto cómo se guardaba un libro. Devuélvamelo, por favor.

La primera vez —luego me acostumbré— que vi que era una Biblia, casi se me caen los ojos al suelo y los piso sin querer.

—Pero ¿una Biblia? ¿Cómo se le puede ocurrir robar una Biblia?

—Es que es para una primera comunión. Es un regalo bonito. ¿Qué regalo, si no?

—Pues no sé, un *Oliver Twist* ilustrado. Comprado, si pudiera ser.

También recuerdo aquella vez que Planeta había publicado, con gran éxito de ventas, una novela de una presentadora de televisión muy conocida. Yo había pedido dos ejemplares en firme, pues había apostado la funcionalidad de mi bazo a que hasta a mí me lo demandarían, pero no fue así. Cuando se descubrió que la periodista tenía tanto trabajo que carecía de tiempo para escribir novelas y se la había encargado a su exmarido, quien también era periodista, aún se vendió mejor. Cuando se supo que su exmarido también tenía mucho trabajo, no podía ponerse a escribir novelas de amor y había plagiado párrafos enteros de Danielle Steel entre otros, no quedaba nadie en este país que no quisiera tener en su biblioteca un ejemplar del libro. Pero yo seguía con los míos huérfanos de hogar a pesar de que coloqué uno de ellos, con gran pesar, en el escaparate. Cuando un juez ordenó la retirada del mismo y la editorial nos solicitó a todas las librerías que devolviéramos las existencias que no se hubieran vendido, el libro estaba agotado y alcanzaba cifras muy bonitas en el estraperlo o eso me contaron. Mucho me temo que la mía fue la única librería de España que devolvió sus ejemplares.

También y casi desde el primer día, clientes o almas que venían solo a eso me traían sus propios textos para que los leyera y les diera mis impresiones o consejos. Con tan pocos clientes, podía dedicar una buena parte de mi jornada a leer innumerables poemas, relatos, novelas o, lo más frecuente, sencillos atentados contra el verbo leer. En ocasiones, muy pocas, disfrutaba de veras con la lectura de esos inéditos y aún sentí más alegría cuando, ya cerrada mi librería, pude comprar en otra un magnífico volumen de cuentos editado por Acantilado que yo conservaba, dentro de una carpeta y con muy pocos cambios o correcciones, en folios sueltos.

Una tarde, andaba yo enfrascada en la lectura de uno de esos manuscritos cuando sonó el teléfono.

—Librería Rialto, dígame.

—Buenas tardes, es la librería, ¿verdad?

Era la voz de un chico, casi un niño y, detrás y azuzándolo, se oía a otro.

—Sí.

—¿Tiene *Memorias de Adriano*?

—Sí, lo tengo. ¿Quieres que te lo reserve?

—No. Sí. Bueno...

De fondo se oía al segundo, que lo acuciaba.

—¡Pregúntale!, ¡díselo!

Silencio.

—¿Hola?

—...

—¿Sigues ahí?

—Sí, sí.

—Bueno, ¿quieres saber algo más?, ¿el precio, quizás?

—Verá...

Esperé.

—Usted, ¿lo ha leído?

—Pues sí, hace mil años.

—Y...

Esperé otro ratito mientras notaba perfectamente al amigo dándole codazos en los riñones.

—¿Nos lo podría contar?

—¿Por teléfono?

—Sí. Es que tenemos que presentar un trabajo mañana y no nos va a dar tiempo a leerlo.

Esta vez fui yo quien se quedó callada un momento.

—¿Oiga?

—Sí, estoy aquí. ¿Cómo se os ocurre dejarlo para el último día?

—Pero nos lo va a contar, ¿verdad?

—Pues no.

—¡Ah, vale! —y cortaron la comunicación sin despedirse siquiera.

No daba salida ni a los *best sellers* que se vendían como el tabaco, me los robaban de cinco en cinco, me birlaban hasta la Biblia, los autores me reñían por no vender sus autoediciones, me pasaba las horas leyendo textos inéditos y, ahora, los pocos libros que podía vender si no les prendía fuego me pedían que los contara por teléfono. Tenía que hacer algo y pensé en *LaÚtil*.

LaÚtil

Aunque yo no me anunciaba en ella, como en sus primeros tiempos se ocuparon de su reparto los estudiantes de Benito Godoque, solían dejarme algunos ejemplares en la librería. *LaÚtil* era una revista mensual, local y gratuita que durante unos años tuvo gran difusión y aceptación en la ciudad, financiándose con los anunciantes. Dirigida tanto a los propios sevillanos como a los turistas que nos visitaban, cuidaba mucho el contenido cultural: espectáculos, exposiciones, cineclubs y todo lo que Sevilla ofrecía en aquel entonces a propios y extraños. De buen formato, diseño y gran calidad gráfica, estaba muy bien hecha y gustaba.

A pesar de que no conocía a nadie allí, se me ocurrió que igual les podría interesar, a cambio del anuncio sin coste de mi librería, que me ocupara de una sección literaria, pues no tenían ninguna. Aunque normalmente y muerta de vergüenza tiendo a echarme atrás a los segundos de cualquier impulso que me nazca, o aquel día estaba muy desesperada o me dieron un café descafeinado sin mi consentimiento.

Yo seguía sin ordenador y, por no tener, descubrí que

no tenía ni papel. En un cajón, encontré dos folios rojos que no sé ni de qué los tenía, ni lo que saldría por el otro lado del fax cuando los enviara, y me puse manos a la obra. Con ayuda de una regla pequeña de mi hija que andaba rodando en el cajón de las cosas que ruedan y de un bolígrafo, delimité las diferentes secciones de dos páginas enteritas (por si me venían con las rebajas) dedicadas a los libros. Dentro de cada columna o cuadrante iba garabateando un texto ficticio y hasta me atreví simulando las fotografías, que parecían sellos salidos de los lápices de un niño. Un espacio para novedades. Otro para una entrevista, tipo cuestionario, con algún escritor. Una columna para mi recomendación del mes. Otra, para los títulos más vendidos. Una última con anécdotas de peticiones cómicas oídas a los clientes y, por fin, en el cuadrante inferior derecho de la página derecha (justo el que el ojo prefiere), el anuncio de mi librería que lograría que, de una vez, en Sevilla me compraran libros a mí también. Hice un dibujito de uno de los jarrones de Mensaque de los famosos azulejos que sería mi logotipo y contemplé mi obra: era lo más feo y aficionado que yo había visto jamás.

Imparable, que aún doy gracias a Dios por dejarme hacer tonterías por una vez, abrí uno de los ejemplares de las revistas que tenía en el alféizar de una de las ventanas y encontré un número de fax. Recuerdo que la portada de ese número estaba dedicada a Shakira, pues se ve que vendría a Sevilla para algún concierto. Dejando una nota en la puerta, cerré la librería cinco minutos y, sin darme tiempo a cambiar de opinión, salí para enviar el fax desde una papelería que había en la calle Valle. A estas alturas ya sabéis de sobra que no logré seguir al frente de Rialto muchos años más, pero sí algunos. Al día siguiente me llamaron. Querían conocerme, me dijeron. Yo creo que querían saber quién era la loca que, junto con una carta también manuscrita donde resumía su propuesta de hacer una sección literaria a cambio de publicidad, había mandado por fax dos folios ilegibles. Menos mal que segué las ganas que me entraron de decir que yo ni sabía nada, ni había sido.

No solo diseñaron mi anuncio con todo el buen hacer del mundo y le dieron un cuerpo mayor del que yo había soñado, sino que, durante los años que siguieron y hasta que cerré, me honraron con una confianza y libertad absoluta para contar lo que quisiera en esas dos páginas que nunca me recortaron, así como con una paciencia tan infinita como bondadosa, pues no había manera de que yo entregara nunca nada antes de la misma mañana del mismo día del cierre de la edición. No me movía la maldad, sino el bloqueo al folio en blanco. No solo lo escribía todo la noche antes, con la ayuda de varias cafeteras y muchos cigarrillos, sino que llamaba a los escritores a quienes entrevistaba la tarde antes, sobre las ocho y veinte, por no faltar a la verdad y como luego se verá. Conociéndome, empezaron a engañarme y me decían que el día de cierre era cinco jornadas previas a la real. Pero me di cuenta enseguida y cuando me daban una fecha yo le sumaba cinco días más. Demostraron mucho cariño al aguantarme.

Dado que la revista tenía bastante repercusión, muchos distribuidores y algunas editoriales empezaron a regalarme libros con una nota amable donde me agradecían que hubiera tratado bien a otros del mismo sello. Jamás escribí una mala crítica, pues para eso siempre hay otros y prefería aprovechar el espacio con el que contaba para compartir y difundir a autores que me gustaran mucho. En cuanto al cuestionario, pues llamarlo entrevista sería excesivo, al principio, sintiéndome nadie y con la ilusión de ayudarlos a vender, solo llamé a escritores locales.

—Buenas tardes, disculpe que le moleste, soy Belén Rubiano y le llamo por si le apetece responderme a unas breves preguntas sobre libros para *LaÚtil*.

—¡Ah!, esa revista está en todas partes, ¿verdad?

—Sí, su tirada y distribución es muy buena.

—Bueno, pues ahora mismo estoy a punto de hacer unos largos en mi piscina climatizada y...

Me quedé a cuadros. El señor tenía unos setenta y ocho años y yo creía que todos los escritores locales eran pobres, aunque publicaran en Pre-Textos.

—Siga, por favor.

—Pues que prefiero que me envíe las preguntas por *mail*, para pensarlas. Puedo contestarlas en una semana o así. No puede asaltarme por teléfono.

—Verá, es que me lo recogen de la redacción mañana a primera hora, pues yo soy así de informal para algunas cosas. No se preocupe, que encontraré si Dios quiere a otro escritor y a usted ya le llamo para el próximo número. Lo del *mail* no va a poder ser, que yo solo veo ordenadores en el cine. Y, bueno, que siento mucho haberle molestado.

—No, no, ¡qué fastidio! Bueno, venga, responderé a sus preguntas.

En diez minutos, como mucho, habíamos terminado, pues ya digo que era muy breve. Un título amado sobre todos los demás, un autor, un personaje, un libro esquivo que llevaran años buscando sin darle caza, esas cosas que a los heridos por la literatura nos importan tanto.

—Pues muchas gracias, don fulano.

—De nada, de nada. ¿Me enviará un ejemplar cuando salga, verdad? Que yo guardo todo lo mío...

Por supuesto, el *gracias a usted por acordarse de mí* me quedé sin oírlo.

La misma suerte con otros escritores locales y menores (algunos) me acompañó los dos meses siguientes. El cuarto, no sé ni cómo se me ocurrió, pero en feliz hora, cambié de estrategia. Yo había leído, entre otros libros de Marina Mayoral, *Recóndita armonía* y *Dar la vida y el alma*. No eran ya novedades desde hacía unos años, pero me habían gustado muchísimo y los reponía a tal velocidad que los de Alfaguara no sabían si pagarme un médico o un pedestal. El caso es que, sin pensarlo un minuto, descolgué el teléfono y marqué el número de información. Os recuerdo que, a primera hora del día siguiente, me recogían el trabajo.

—Buenas tardes, por favor, ¿me da el teléfono de Marina Mayoral?

—¿Segundo apellido?

No tenía ni idea y así lo confesé.

—¿Ciudad?

Tampoco sabía qué responder, ni lo había pensado, ¿Mondoñedo?

—Puede que Madrid...

—Tome nota, por favor.

Llamé segura de que me atendería el teléfono cualquier tocaya suya de la capital de España pero, al segundo timbrazo, lo levantó ella misma. No solo estuvo

encantada de responder a mi cuestionario, que resolvi-
mos en nueve minutos, sino que me lo agradeció mucho
y estuvimos casi una hora más charlando de libros, de
la vida y del alma. Cuando colgué, me dije que los escritores locales y sus piscinas climatizadas se habían acabado.

A partir de ella, cada mes me permitía el placer de
charlar con alguien de quien admirara, al menos, uno
de sus libros: Soledad Puértolas, Caballero Bonald,
Andrés Trapiello, Luis Manuel Ruiz... No los recuerdo
a todos, pero fueron muchos. Todos gentiles conmigo y
comprensivos con mis prisas.

—¿Me puede llamar mañana, por favor? Le agradezco
mucho que haya pensado en mí, pero me coge con las
llaves en la mano y saliendo de casa.

—Es que soy un desastre y lo tengo que entregar mañana temprano. ¿Hablamos el mes que viene?

—No, no, todo puede esperar, supongo. Cuénteme.

De algunas editoriales también empezaron a llamarme
para ofrecerme el teléfono de algunos escritores de primera fila para mi pobre cuestionario. Aunque he olvidado si me lo facilitó Plaza & Janés o Destino, recuerdo especialmente el caso de Rosa Regàs. Me atendió
aquella llamada quien dijo ser su secretaria. Era muy
amable y con acento francés.

—Veggá, se pongrá muy contenta, pego está acabando
un ligvro en una casa aislada del Ampugdá, como siem-
peg que se ensiegga. No tiene teggéfono. Yo la veggé esta
noche y le contaggé todo. Mañana, muy tempagno, ella
puege caminag hasta el bag del pueblo, no problema. Yo
tengo el tegéfono del bag. Usteg puegge entregah todo
antes de las dieg.

—Me da mucho apuro, tanta molestia. Mi cuestionario no es gran cosa.

—No impogta. Ella queggá.

Al día siguiente, cuando marqué el número de aquel bar de cruce de caminos perdido en el Ampurdán, el teléfono lo descolgó Rosa Regàs. Ocho minutos de cuestionario y una hora hablando de libros. No sería la reportera más formal de *LaÚtil* pero, de las más felices y disfrutonas, seguro.

Pep Torres

Uno de los primeros clientes de Rialto, casi desde sus primeras semanas de vida, fue el barcelonés Pep Torres. Había recalado en Sevilla por cosas de amores con una sevillana voluble y desmemoriada en sus promesas y el mismo viento veleidoso se lo volvió a llevar, para mi añoranza, no mucho después, pues no suele fallar ese proverbio que dice que el amor de un inconstante es un préstamo que hay que devolver. Antes de que eso sucediera, nos dio tiempo a correr algunas aventuras y a ser grandes amigos.

En Santa Catalina, en uno de los pisos sobre La Giganta, donde tantas cervezas cayeron a la sombra del ábside donde Santa Lucía muestra sus ojos en una bandeja como quien ofrece huevos fritos y es ajena al dolor, había montado una oficina que era diseño puro. En principio se dedicaba a todo lo relacionado con el oficio de inventar, así como a la asesoría en patentes y marcas, pero le interesaban mil cosas y para todas tenía talento. Componía música, tocaba, escribía, construía máquinas enormes que no hacían nada pero funcionaban muy bien y hasta era un mago muy bueno. Mago de los de verdad, de los que hacen un juramento y, por muy amiga suya que seas, no puede revelarte ningún truco.

A pesar de su inmensa capacidad para tantas cosas inestimables en las que la mayor parte de la humanidad muestra una escandalosa incompetencia, no debe ser cierta esa ley que rige la economía y afirma que quien maneja la escasez es dueño del poder, pues al igual que a mí misma, le resultaba arduo cuando no imposible pagar el precio de comer, vivir y dormir. No por ello dejaba de ser un gran lector, excelente cliente de mi librería y caballeroso regalador de libros, pues tenía un éxito con las mujeres que no era ni medio normal. Rara era la semana en la que, por la tarde y momentos antes de una primera cita, no pasaba por Rialto varias veces, pues solía tener con ellas el detalle de un libro. No puede ser un gesto más elegante, creo yo; a la mayoría de las personas no les queda nada tras un encuentro de esa naturaleza.

—Recomiéndame algo para una australiana guapísima.

—¿Paul Auster?

Otro día.

—Recomiéndame algo para una mexicana guapísima.

—¿Cernuda?

A los pocos días.

—Recomiéndame algo para una chica de Florida.

—¿Guapísima?

—A ver...

—¿Luis Alberto de Cuenca?

Al día siguiente.

—Recomiéndame algo para quien tú sabes.

—¿De verdad has quedado con ella?

Sus cejas festivas respondieron por él.

—Acaba de llegar una edición maravillosa en tela, estuchada y numerada de *El collar de la paloma*.

Se la mostré y, nada más ver el precio, me la devolvió.

—No, como mucho dos mil pesetas. Por ese importe se tendría que acostar conmigo y no es nada seguro...

—¿Maya Angelou?

—Mejor.

Una de las muchas ocupaciones de Pep eran los inventos absurdos o estúpidos. Su oficina era el gabinete de las maravillas: todos los prototipos, bellamente dispuestos, ordenados e iluminados estaban allí, como en un museo, aunque lleno de vitalidad. Pep ideaba y diseñaba soluciones para dilemas prácticos de la vida cotidiana, resolviéndolos con una gran solvencia cuyo único demérito era el de entorpecer aún más la vida diaria. Podrían haber sido respuestas de Brossa, si al poeta visual le hubiera dado por la absenta de garrafón. O sea, increíblemente buenas.

Ni él ni yo sabíamos que los japoneses eran muy aficionados a esos inventos y, además, les daban un nombre específico: *chindogus*. Un día recibí, no recuerdo la editorial, un libro ilustrado de *chindogus*. Esa misma tarde vino Pep y se lo enseñé.

—Pero si esto es lo que yo hago...

—Los tuyos son aún mejores.

De aquel libro del país del sol naciente solo recuerdo uno de los inventos. Era un trípode, a la altura de la barbilla y almohadillado en el mismo lugar, para poder echar una cabezadita de pie, en el metro. Obviamente, resolvía la comodidad de la pequeña siesta, pero cargar todo el día con el armatoste no mejoraba el asunto. Los *chindogus* de Pep podían ser una agenda de cabeza, para no olvidar lo que no se mira en la agenda. Era un tendedero portátil y giratorio, adosado a un gorro de ducha, de cada una de las pinzas del tendedero, colgaba un *post-it* con el asunto de la mayor importancia que no se debiera olvidar ese día. O un ancla de sandías, para que las olas no se llevaran el postre en la playa. O una bocina que integrada en el retrete se impondría a la orgánica acústica que tanto nos atormenta en la intimidad del mismo cuando estamos de invitados en casa ajena.

—Esto lo hago yo.

—Pues ya estás tardando.

—¿Qué leías cuando he llegado?

—Cosas que me dejan los clientes.

—¿Novelas?

—De todo. Estos son unos cuentos.

—¿Son buenos?

—Estos sí, pero pocas veces lo son.

—¿Te dejan muchas cosas?

—A veces no me alcanzan las semanas y apenas puedo leer todo lo que me traen.

Entonces vio claro como el agua cuando lleva barro que montaríamos una agencia literaria, pues las que ya existían estaban casi todas en Barcelona y algunas, muy pocas, en Madrid. Que gestionaríamos desde Sevilla el talento de los escritores de Andalucía. Que yo, mi librería mediante, cribaría lo que mereciera la pena y ayudaría, con consejos y correcciones, a los textos que los necesitaran. Que él se ocuparía de confeccionar un dossier con buen diseño (pude comprobar lo bien que se le daba) del autor, el libro, el índice o la sinopsis y trataría con las editoriales su contrato y la mejor gestión posible de los derechos de edición. Por supuesto, como tantas veces que levantábamos empresas en el aire con idéntica facilidad, pedimos al Horno de San Buenaventura que nos trajeran cafés y se nos fue la tarde. Había bautizado y todo nuestra agencia: Afterbooks. O sea, todo lo que pasa una vez que el escritor escribe el libro y que sería asunto nuestro.

Yo ya me había olvidado completamente de nuestra flamante nueva empresa hasta que, no habrían pasado ni ocho días de este ideal de nuestra imaginación, sonó el teléfono de la librería y era Pep.

—Belén, mañana nos entrevistan en la radio, en Onda Cero. Es a la una de la tarde. Puedes, ¿verdad?

—¿Que nos entrevistan? A santo de qué.

—Como agentes literarios. Recuerda: Afterbooks. Como somos la primera agencia literaria de Andalucía, les ha interesado mucho.

No me caí al suelo por estar sentada.

—Pep, no somos nada. Acabaremos en la cárcel si vamos diciendo esas cosas por ahí.

—Muchas empresas han empezado así; primero se cuentan y luego se levantan.

—¿Eso es legal?

—Totalmente. ¿Puedes o no?

Al día siguiente, como a dos señores que eran agentes literarios y todo, nos recogió un taxi para llevarnos hasta la emisora, que estaba en la Isla de la Cartuja. Durante la entrevista, lo pasamos muy bien y todo parecía verdad. El espacio era dentro de la desconexión territorial de *Protagonistas*, el programa de Luis del Olmo, y lo debió escuchar mucha gente ya que, desde el día siguiente, empezaron a venir por la librería muchos imprudentes que ni eran clientes, ni ladrones de libros, ni nada de nada. Me traían sus futuros premios Planetas sin importarles si Pep era un genio que me había liado y yo una incauta. El caso es que, cuando acabó nuestra entrevista, en ese tiempo que hay para los anuncios en el que se apaga la luz roja que indica que se oye todo, Ricardo Arjona, el responsable del espacio y quien nos había entrevistado como si no fuésemos dos impostores —que resultó que no lo éramos, como luego se verá—, me dijo:

—Oye, hablas de los libros de una manera muy bonita y divertida y tienes voz de radio, además. ¿Tú estarías dispuesta a venir todas las semanas para hacer un espacio literario? Aunque no podríamos pagarte nada.

—A cambio, ¿me podrías presentar como Belén Rubiano, de Librería Rialto?

—Mujer, ¡por supuesto!

Y así fue como empecé en la radio. Disfrutando como una loca, huelga decir y en deuda, como con tantas cosas, con Pep.

A los pocos días de esto que os cuento, Torres ya tenía claro su libro de *chindogus* españoles. Nos enroló a un montón de amigos para hacer de modelos para las fotografías y en dos meses cortos lo había vendido a la editorial Apóstrofe, al igual que otro libro de un conocido suyo de la televisión y donde yo apenas si tuve que intervenir, por lo que renuncié, sin el menor problema, a mis emolumentos.

—Dile algo, guíalo.

—Pep, no sabe escribir. Creo que no pisó ni el colegio.

—Da igual. Veré cómo lo coloco.

Lo vendió, claro, pero todo el mérito fue suyo.

En el libro de los inventos absurdos, que se llamó *Si no lo veo, no lo creo. Artilugios insólitos,* salgo yo, en una de las primeras páginas, luciendo su babero para comer galletas en la cama. Era un babero normal, sostenido por un alambre gracias al cual mantenía la horizontalidad y no se llenaban las sábanas de migas. Aunque nunca he llegado a entenderlo, quien se encargó de los estilismos me vistió como si fuese Elsa Baeza recién llegada de Palacagüina y me puso unas enormes gafas de sol gracias a las que, a día de hoy, no me sonrojo demasiado cuando lo veo. Pep hasta consiguió un prólogo de Santiago Segura y que algunos famosos, como Xavier Sardá o el conde Lecquio, posaran también. La edición se vendió entera y no me extrañaría que algún día se reeditara, pues es una de las bromas visuales más inteligentes y simpáticas que he tenido el gusto de regalar a quien quisiera aliviar una tarde de tristezas.

Apenas habían pasado unas semanas desde que celebramos la edición del libro cuando a Pep se le acabó el dinero. No podía pagar el alquiler de la oficina en Santa Catalina además del de su propio ático en San Román y decidió regresar a Barcelona confiando en que las cosas le fueran mejor allí. Y con más demora que la que todos encontramos óptima para nuestra propia mejoría, así fue.

Vetada y a mucha honra

Mientras tanto, yo seguía con el programa de radio y escribiendo para *LaÚtil*. No vendía mucho más, pero parecía que sí y al menos se empezaba a conocer en Sevilla mi librería. Colaborando con *Protagonistas Sevilla* aún estuve unos meses hasta que, por uno de esos cambios que tan comunes son en todas las empresas, un nuevo directivo puso a otro periodista al frente del programa, y dejó fuera a Ricardo.

Uno de los programas que más disfruté, puede que el que más, fue el que hice una madrugada. Se emitió, en directo como todos, pues nunca quise grabar nada, una tórrida noche de agosto. Por cosas del verano y las suplencias, a una periodista cuyo apellido no recuerdo —Olga, se llamaba— le confiaron un magazine de difusión nacional para el verano. El caso es que, una noche en que había un partido de fútbol muy importante, el programa debía emitirse a unas horas imposibles, en esa tierra de nadie que ni es madrugada ni es amanecer. Yo me encontraba en Portugal, pasando un fin de semana, cuando sonó mi teléfono móvil.

—¿Sí?

—Hola, ¿eres Belén Rubiano?

—Sí.

—Mira, soy Olga Tal, de Onda Cero y te llamo porque tal día el programa que hago de madrugada será de cuatro a siete y, a esa hora, no tengo ni idea de qué puedo hacer. A partir de las seis de la mañana no hay mayor problema, pues es el aniversario de la muerte de Elvis Presley y pondremos sus canciones. En las dos horas previas, he pensado en hacer algo con libros y me han sugerido que hable contigo.

—¡Ah!, pues yo estaría encantada.

—¿Cuándo podrías grabar?

—¿Grabado?, ¿no es en directo?

—Si tú quisieras, mucho mejor y así no estoy sola, pero a esa hora no querrás.

—Si me mandáis un taxi, lo prefiero.

—Pues muchísimas gracias.

En la primera página del libro que andaba leyendo apunté la fecha y volví a batirme con el bravo mar.

En la madrugada del día acordado llegué al estudio de grabación y saqué de una bolsa seis o siete libros, ya que nunca usé guion. Tan solo necesitaba tener libros cerca y tocarlos, para poder hablar de ellos. Tomando un café, antes de empezar, le pregunté a Olga:

—Entonces, este programa ¿se escuchará en toda España?

—Si hay alguien despierto, sí.

—Y ¿no podríamos abrir los micrófonos para que llame la gente?

—¿Quién nos va a llamar?

—No sé, a lo mejor puedo hacer lo que hacía Carlos Pumares con el cine. Pueden llamar quienes apenas recuerden de un libro una escena, un personaje, algo del argumento, el autor, pero no el título... Si no conozco las respuestas, como todo el mundo estará durmiendo, no habré hecho un ridículo tan grande, ¿no?

Fue apasionante. En dos horas, el teléfono no paró de sonar y sonar. Nos llamaron oyentes de toda la geografía insular y peninsular, y charlamos de libros como si no hubiera otra cosa en el mundo que mereciera la pena. Además, tuve una suerte que aún no me explico, pues pude resolver absolutamente todas las dudas que me plantearon. A los pocos días, cuando volví por la emisora para mi colaboración semanal, la productora me dijo que la audiencia de aquella noche había llamado la atención pero, casi enseguida, vinieron los cambios en la dirección y ya no volví nunca por Onda Cero.

Pasaron muy pocos días desde que había acabado mi colaboración en la emisora cuando sonó el teléfono de la librería. Llamaban de Canal Sur Radio. ¿Estaría dispuesta a colaborar con un espacio dedicado a los libros los sábados por la mañana?

—¿En directo?

—Claro.

De nuevo, no me podían pagar nada, pero me presentarían junto con el nombre de mi librería y me pareció bien. Si no recuerdo mal, el programa, que era muy divertido y duraba toda la mañana, se llamaba *La vida alegre* y lo presentaba Jesús Melgar. El espacio de libros que yo hacía, de unos veinte minutos, aunque solía alargarse, se llamaba *La alegría de leer.* Como siempre, en directo y sin guion. Solo grabé un día, que coincidía con Nochebuena y lo hice fatal.

Me encantaba la radio y apenas me creía mi buena estrella. Con ellos estuve una temporada entera, que viene a ser como un curso escolar, hasta que llegó el mes de junio, me regalaron un bolígrafo y se fueron todos de vacaciones.

En los años que tuve la librería no pude permitirme más descanso que dos días pegados por delante y por detrás al quince de agosto, de modo que, antes de que me diera tiempo a echar de menos las ondas, volvió a sonar el teléfono de Rialto y pude descolgarlo.

—¿Belén Rubiano?

—Sí.

—Soy Inés Porro, de la Ser. Es que me acaban de dar un magazine para las tardes del verano y he pensado en ti para algún espacio de libros los miércoles por la tarde.

—¿En directo?

—Claro.

Y allá que me iba, disfrutando del calor de Sevilla por el camino.

En septiembre ya habían finalizado tanto mi colaboración (una pena) como el duro estío (una gloria) y por la librería venía, pues me encargaba libros para uno de sus hijos, uno de los tertulianos del programa de los sábados de Canal Sur, que volvía a emitirse.

—Qué raro, ¿no te han llamado?

—No.

—Pues no lo entendemos. Si somos los mismos de la temporada pasada...

—Pues no gustaría tanto.

—Claro que gustabas. Y mucho.

Al cabo de una semana o dos volvía otra vez.

—¿No te han llamado?

—Que no.

—Pues es rarísimo. Tú no has hecho nada, ¿verdad?

—¿Qué voy a hacer?

—Bueno...

Hasta que pasados unos días regresó triunfante, aunque triste, y con la respuesta al enigma.

—¿Que no habías hecho nada? Ya sabemos por qué no te han llamado.

A mí se me quedó el plumero en el aire, expectante.

—Te has ido a la competencia.

—¿Yo?

—Este verano. A la Ser.

—Pero si este verano no teníamos programa y nadie me dijo que contarían conmigo para septiembre, ¿qué iba a hacer? Si nunca he tenido contrato, apenas un acuerdo verbal... Me llamó Inés, me hizo ilusión y le dije que sí.

—Pero esas cosas son de sentido común. Te ha vetado la directora de Canal Sur.

—¿De verdad?

Y empecé a reírme, muy feliz.

—No debería hacerte tanta gracia.

—Si es maravilloso, ¿no lo ves? Yo pensaba que no gustaba cómo lo hacía y ahora soy una don nadie vetada por la directora de Canal Sur, ni más ni menos.

No podía parar de reír y Paco no lo entendía.

—Creo que, ahora mismo, soy lo más importante que seré jamás, ¡ay, qué ilusión, vetada!

Y se fue, dándome por imposible.

El motorista célibe

Gracias a la radio y a *LaÚtil,* Rialto empezó a ser conocida en Sevilla, aunque las familias con hijos en edad
escolar seguían sin deseos de comprarme las *Coplas* de
Jorge Manrique y nunca conseguí vender más que unos
pocos de los *best sellers* que por si acaso pedía en firme.
Al menos seguían sin darme apenas trabajo sus devoluciones, pues con regularidad casi tributaria aquel hombre joven, grácil y de cabello oscuro seguía afanándo-
melos dentro de su bolsa de deportes los sábados por la
mañana.

Creyendo que nadie veía —como era mi caso— la televisión local y dando por verdadero el rumor de que todo
el mundo ve únicamente documentales serios, también
acepté colaborar cuando me lo propusieron con un programa de variedades y entrevistas en directo que un
verano se hizo desde la azotea de uno de los pabellones
que la Expo del 92 había dejado en la ciudad. Empezaba a emitirse al acabar las noticias de la noche y, los
martes, un taxi nos recogía a mi hija y a mí para llevarnos al plató. Cada vez me dejaban para más tarde, pues
digan lo que digan los libros y hablar de ellos gustan, y,

por lo que me contaron, mi espacio remontaba la audiencia. A mí la experiencia no me gustó ni la mitad que la de la radio, aunque mi hija no opinaba lo mismo. Disfrutando del *catering* y de las carantoñas de las señoras del público, cuando por fin llegaba el momento de mi colaboración se lo ponía muy difícil a las azafatas, ya que era imposible hacerla callar y se oía todo.

—¡Mi madre, mi madre! ¡Es que lee mucho!

Y aplaudía a rabiar.

Como nunca he gastado en fondo de armario ni una décima parte que en leer, apenas tenía ropa y una amiga, bastante más bajita que yo, me prestaba sus vestidos, que eran muy bonitos pero me quedaban cortos. Era falso que la gente tuviera cosas más intelectuales que hacer que perder el tiempo con esos programas; en poquísimos días no pude recorrer tres calles sin que me pararan. Que qué bien hablaba de los libros, que si habían anotado este o aquel, que qué piernas tan bonitas las mías. A pesar de la vergüenza que pasaba, seguí adelante porque, además de preferir quedarme calva a dar marcha atrás cuando acepto un compromiso, seguía teniendo la esperanza de que algunos de esos libros que recomendaba me los compraran a mí. Pero se ve que no nací para ser mezquina, interesada, ni rentable y el destino seguía sin concederme la solvencia más básica. Para compensar —aunque si me hubieran preguntado yo me habría apresurado a responder que no hacía ninguna falta, que las cosas son como son y que en aceptarlas sin juzgarlas yo ya extraía solita el premio y la enseñanza—, el día a día en Rialto se hizo cada vez más entretenido, pues las visitas de los locos que madrugan en Sevilla fueron cada vez menos esporádicas.

Una mañana me encontraba sacando novedades de sus cajas y marcándolas cuando entró un chico que, estoy casi segura, no había venido antes. Llevaba puesto un casco de motorista y tras sacárselo, sosteniéndolo con las manos, el mostrador entre ambos, se detuvo ante mí. De su cabeza inclinada, gruesas gotas de sudor caían, clonc, clonc, clonc, sobre el casco.

—Voy a cumplir dieciocho años el mes que viene, me he matriculado en Psicología, soy virgen y necesito perder la virginidad contigo.

Suelo mantener la sangre fría aun cuando la vida me invita a lo contrario, lo que a lo largo de la misma ha evitado que lo que tuviera entre las manos en ese momento —más veces algún libro que un huevo de Fabergé, la verdad— cayera al suelo y se dañara.

—¿Perdón?

Era temprano y no hacía calor todavía, pero las gotas de sudor redoblaban cada vez más gordas y ruidosas, clonc, clonc, clonc, sobre el dichoso casco.

—Que voy a cumplir dieciocho años, seré psicólogo y solo puedo perder la virginidad contigo. Lo siento.

Me tuteaba y todo.

—¿No comprendes que no te he visto en mi vida y que eso que pides no se puede pedir?

—¿No?, ¿por qué?

—No se puede y punto. Es un tabú en Occidente.

Clonc, clonc, clonc.

Yo había fregado el suelo el día anterior y me estaba poniendo muy nerviosa, pues esas cosas sí que me afectan.

—Solo puedes ser tú, lo necesito.

—Y yo necesito vender un *Conde Lucanor*, pero me aguanto.

—Voy a cumplir dieciocho años, estudiaré Psicología y...

—Todo eso ya lo has repetido antes. Te he dicho que no. Es una grosería, aunque no seas capaz de verlo, que insistas.

—Es que tienes que ser tú.

—Vaya, qué suerte tengo. Y ¿por qué?

—Porque eres inteligente, dulce y, perdona que te lo diga, bastante bonita.

Sofoqué las ganas de replicarle que el adverbio de cantidad que había empleado para dotarme de belleza también podía considerarse una grosería pequeña, pero me sigue llamando la atención que viera la necesidad de disculparse por aludir a mi presencia física aunque en ningún momento encontrara también oportuno hacerlo por la naturaleza de su plegaria.

—Tengo que pedirte que te marches.

—Pienso volver.

Y se fue.

Frente a mi librería, a bastantes metros —la plaza del Rialto es grande para lo que son las plazas de Sevilla—, quedaba y queda el Hotel Don Paco. A los pocos días de su visita, otra mañana, lo vi parado delante. Tenía el casco puesto, las piernas separadas y los brazos cruzados sobre el pecho. Aunque no se le veían los ojos no hacía otra cosa que mirarme fijamente haciéndome saber que, aunque nos separaran bastantes metros, estaba a dos pasos largos. Yo acababa de colgar la pizarra y entré enseguida para marcar el teléfono de Serafín, quien, desde Emasesa, no tardó ni tres minutos en llegar.

—¿Qué pasa, librera? —siempre me llamaba así—. ¿Qué es eso de socorro y de uno que es peor que el camión asesino de Spielberg?

—¿Ves a aquel tipo de allí?

—Sí.

Y le conté la visita y petición que me hiciera unos días antes.

—¿Puedes dejar de morirte de la risa? Estoy preocupada. No me gusta. Nada.

—Si tú nunca tienes miedo. Y es un niño, por lo que dices.

—Pues ahora sí estoy asustada. Que no me gusta, te digo.

A falta del casco, con las piernas muy separadas y los brazos cruzados, Serafín se plantó delante de mi pizarra imitando a la perfección la postura del chico mientras yo permanecía apoyada en el quicio de la puerta. Ninguno de los tres desplazamos nada de aire durante mucho tiempo.

—¿Qué hora es, librera?

—Llevamos así veinte minutos.

—Pues yo tengo que volver o se notará mi falta. Llama a la policía.

—No, eso no.

—¿No ves que está como una cabra y me tengo que ir?

—Nunca se sabe cómo están las cabras si no eres una de ellas. A mí me da miedo, pero igual es inofensivo. No tiene ni dieciocho años y no quiero meterle en un lío.

—¿No crees que se lo merece?

—No tengo ni idea, Serafín. Igual lo único que ha hecho es pedir en voz alta lo que muchos callan. Está mal porque, para nuestros códigos sociales y culturales, a día de hoy eso es violencia pura, pero si mantiene la cordura no le quiero causar más problemas de los que ya tendrá.

—Pues yo me marcho. Te llamo cada media hora, librera.

—Vale. Mira, por ahí viene un coche de la policía local. Señálalo con la mano, como para indicarme que es el que has llamado antes de venir.

Así lo hizo y surtió efecto, pues el chico, arrancando una de las motos que estaban en la parada que hay delante del hotel, se fue. También se marchó Serafín, aunque me llamó enseguida para cerciorarse de que el motorista que estaba a punto de aprender que en la vida no se puede pedir ni tener todo no había dado la vuelta en Puñonrostro para acabar conmigo por puritana y pejiguera.

Nunca regresó, pero cada vez que pienso que puede estar ayudando a sus pacientes a vivir en la normalidad me dan escalofríos y no lo puedo evitar.

Manuel Vicent y los libreros sevillanos

En las librerías de Sevilla había empezado a distribuirse la revista literaria *Mercurio*. Empezó siendo una iniciativa personal y privada de Javier González Cotta, su director, y poco después encontró el patrocinio de la Fundación Lara, quienes la acabaron comprando. Desde el primer día, su calidad estuvo fuera de toda duda y era un placer leerla de principio a fin. Actualmente, su distribución es nacional, sigue siendo gratuita y cuenta, como siempre, con firmas y contenidos excelentes.

No recuerdo cómo ni cuándo ni quién, pero un día se pusieron en contacto conmigo. ¿Estaría dispuesta a escribir en ella? Esta vez no se trataba de recomendaciones aunque procuré, en lo posible, no hacer daño. Me proponían escribir críticas literarias de aquellos libros que ellos me pidieran. Aunque poco, esta vez sí me pagarían. Dudo que aquel día fuese fácil, de padecerme cerca, soportar mi alegría. Hasta que cerré Rialto y me marché sin despedirme de nadie, pues no fui capaz, estuve colaborando con ellos, quienes también sufrieron con elegante bondad mi costumbre de entregar el trabajo el mismo día del cierre. Todos los meses en que me habían encargado algún artículo recibía por correo postal una factura liquidando mi colaboración y un cheque al portador. Me sentía, no por su importe sino por la autoridad y reconocimiento con los que con tanta generosidad me investían, como imagino a Kinsey Millhone cuando ingresa los suyos.

Aunque nunca he conocido alma menos gregaria que la mía, el eco que tenían mis colaboraciones en la radio, en *LaÚtil* y en *Mercurio* hizo que algunas editoriales cada vez me pidieran con más insistencia y sincero aprecio que acudiera a algunas presentaciones de sus libros.

Sostengo que el lenguaje tiene una potestad muy débil a la hora de traducir un pensamiento, un sentimiento o una emoción. Dos personas que hablan lo tienen muy difícil para comunicarse aun las pocas veces en que de veras lo intentan. Tres personas, peor. Donde hay más de cuatro, la reunión, de la naturaleza que fuera en su origen, pasa a ser siempre social y hasta mercantil. Todo el mundo empieza a decir, de un modo u otro, que tiene una opinión excelente de los otros presentes pero con el lenguaje corporal empiezan a expresar si no todo lo contrario, sí cierto resquemor, desconfianza e incomodidad. Asistir a estas escenas siempre me da sueño y acabo por tener que concentrar toda mi energía en no ser, quizás, la más hipócrita del lugar pero sí la de peor educación, pues no logro domesticar mis bostezos.

A pesar del cariño y la consideración con que me invitaban, lograba, sin parecer demasiado misántropa, declinarlas en su mayoría, pues no solo no tenía empleados que dejar a cargo de la librería en mi ausencia, sino que, normalmente, no había acabado de echar la llave cuando ya estaba corriendo hacia la guardería (al principio) o al colegio (más adelante) para recoger a mi hija. En algunas ocasiones, muy pocas, sí acepté. Conocedores de mi poco apego por las multitudes y las grandilocuencias, solo persistían en invitarme cuando era un almuerzo con el escritor y algunos libreros, no más. Algo muy íntimo, me aseguraban. También es íntimo, pensaba yo, cuando vas a depilarte y no por ello es placentero, pero bueno.

Recuerdo, y hasta la disfruté, la presentación de *Son de mar*. Los de Alfaguara habían reservado un salón en un restaurante cercano a Plaza Nueva para que charláramos con Manuel Vicent. Yo ni siquiera conocía a la mayoría de mis compañeros de gremio. Quiero decir que sabía quiénes eran, pero no les ponía cara. Más que por Vicent, con el que no esperaba charlar nada (aunque acabé haciéndolo, pues fue el único a quien no le parecía estar perdiendo el tiempo conmigo), fui con la ilusión de conocer a otros compañeros de fatigas y, quién sabe, de que quizás me contaran que sus primeros años tampoco estuvieron exentos de maleza, me animaran a seguir a pesar de las dificultades y hasta me guiaran un poquito para domarla.

A derecha e izquierda, mis vecinos de mesa no parecían encantados de tenerme tan cerca y observaban sus antebrazos con la extrañeza de quien espera los primeros brotes de sarna o de lepra y no se explica la demora.

—¿Estás haciendo muchas cosas tú, no?

Me lo había soltado, en tono agrio, una librera muy

próspera, importante y bien divorciada desde hacía muchos años.

—¿Muchas cosas?

—Sí, la radio, lo que escribes, la pizarra... Qué suerte, tener tanto tiempo.

El señor que tenía a mi derecha, otro librero bien anclado, se mostró conforme con ella. También veía con molestia e irritación mis veleidades a la hora de intentar hacerme un hueco e iniciaron una conversación entre ellos con frases a medio acabar y sonrisas como sarmientos que, aunque nos estaban alimentando divinamente, lograron que yo evocara con verdadera lealtad el plato de macarrones con tomate que tendría que estar disfrutando en mi casa sin aquel sobrevuelo tan incómodo de aves triponas y carroñeras. De los diez o doce libreros consolidados (yo era la única advenediza) que almorzamos aquel día con Vicent, creo que solo queda uno que no cerrara su librería, casi todos por las mismas fechas y por idénticas tristezas que las mías. Los hábitos a la hora de comprar libros, aunque en unos años se volverían a reeducar, estaban cambiando. La Casa del Libro estaba a punto de desembarcar y, poco después, lo hizo Fnac. Pero, por lo visto, preferían pensar que si no vendían más libros era porque lo hacía yo, justo la única que tenía tanto tiempo libre por falta de ventas, la que podía escribir, ir a la radio, leer y hasta compartir esas lecturas en una pizarra. Siempre que puedo, trato de tranquilizar a cualquiera de la menor preocupación que le oprima el pecho si está en mi mano, pero me hablaron, a pesar de doblarme en prestigio y casi en edad, con tanta y cínica aspereza que dejé que pensaran que me estaba haciendo rica vendiendo los libros que nadie compraba ni leía. Que se las apañaran, qué demonios, yo nunca dije que quisiera ser santa y a pesar de ser mucho más joven que todos ellos había aprendido ya a no poner la fe en mis temores.

Poco antes de que me tuviera que ir corriendo para abrir Rialto a las cinco de la tarde —os recuerdo que era la única que estaba sola al frente de sus libros—, Vicent fue dedicándonos a cada uno un ejemplar de su novela. Cuando le llegó el turno a uno de los presentes, a quien tampoco conocía, este le espetó:

—Si no le importa, no me dedique el mío y así lo puedo vender esta tarde.

Por supuesto era una broma y me hizo reír, pues daba cuenta con milimétrica precisión de la precariedad con la que un librero prevé la cena de su familia de esa misma noche.

—¿Quién es? —pregunté.

—José Luis, de La Roldana. Es tremendo...

La Roldana, que había sido una institución en Sevilla, también cerró. José Luis es Rodríguez del Corral, un escritor al que admiro muchísimo y si necesitó quedarse sin librería para ponerse a escribir, no tengo más remedio que alegrarme, las cosas como son, que en mi hambre mando yo, como decía aquel torero, y da la casualidad de que necesito buenos escritores tanto o más que buenas librerías.

Todas las afecciones oculares no cursan igual

Poco después, acepté acudir a otro de esos almuerzos para presentarnos, a algunos libreros, el libro de otro escritor. Esta vez eran los de Salamandra, quienes siempre me trataron con cariño, los que me pidieron que acudiera a la presentación de una novela histórica de un autor hasta entonces desconocido. Manuel Lozano Leyva era y es catedrático de Física Atómica, Molecular y Nuclear. Una eminencia en lo suyo que sabe, para colmo, que el universo no fue plano ni en su primer aliento. Manolo me contó su historia y no me pudo gustar más.

No mucho tiempo antes, Manuel había padecido un problema de la vista bastante grave y, durante unos meses, quedó casi como la protagonista de *La pobre señorita Finch*, de Wilkie Collins. Debe ser una de esas personas que antes eran, sencillamente, unos fenómenos y a día de hoy, si bajan la guardia, les diagnostican un trastorno de hiperactividad. Ya que no podía hacer nada, estaba de baja en la universidad y se arañaba solo, en su ordenador seleccionó un cuerpo de letra enorme, de diez centímetros o así, y empezó a escribir novelas.

Se ve que no es la típica persona que usa los cajones de su casa para guardarlas, así que decidió hacer algo: publicarlas, por ejemplo. Un 24 de septiembre cogió las páginas amarillas y buscó las agencias literarias que operaban en España. Decidiendo que el no ya lo tenía de antemano y poco más que el coste de la llamada podía perder, marcó el teléfono de la de Carmen Balcells. Iba a colgar, pues se dio cuenta de que era el día de la Mercè, festivo en Barcelona, cuando descolgaron al otro lado. Una voz femenina y joven, me dijo. A esa voz le contó que era un científico medio ciego por circunstancias transitorias, que vivía en una granja de un pueblo de Sevilla con un montón de perros, gatos y una burra anciana y caprichosa, junto con unos refugiados del Kirguizistán a los que había dado cobijo, que había escrito unas novelas ambientadas en el siglo XVIII y que si les podía mandar la primera, por si podían echarle un ojito. La chica de la agencia le dijo que de acuerdo y le indicó la manera, recordándole que se sintiera libre, hasta no obtener respuesta, de hacer con su obra lo que creyera mejor. Antes de colgar, Lozano Leyva no pudo reprimirse.

—Oye, por cierto, ¿qué negrera es la Balcells, no?

—¿Cómo?

—Mujer, que hoy es fiesta y bien que te tiene ahí cogiendo el teléfono.

—Soy Carmen Balcells, ha sido un placer. No deje de mandarme su libro, buenas tardes —y le colgó.

A los pocos días, recibió una llamada en la que le dijeron que a la agencia le interesaría representarlo y por eso estaba yo allí, porque ya se había talado algún que otro árbol para imprimir el que sería el primero de unos cuantos libros, tanto de la serie histórica como algunos más de divulgación científica.

El principio de Peter, las consejerías y los ministerios

Uno de los asistentes a aquel almuerzo con Lozano Leyva fue Antonio Rivero Taravillo, quien iba a ser el director de la primera Casa del Libro en Sevilla, cuya apertura estaba al caer. Me halagó que me contara que me seguía en *LaÚtil* y yo le conté, y era verdad, que me había gustado mucho una traducción suya del gaélico de unos versos muy raros de encontrar que había publicado Gredos.

Si normalmente no es fácil rechazar una invitación formulada con amabilidad, si me tratan con simpatía y hasta con afecto, ya se me hace muy cuesta arriba. Aunque intuía que acabarían enterrándonos a muchos y a mí la primera, cuando Antonio me insistió para que, al cabo de unos días, acudiera a la inauguración de la librería de Espasa Calpe en Sevilla, acepté sin pensarlo un momento. Dado que el evento sería a las nueve de la noche, hora en la que no me podía refugiar en el horario de mi propia librería, y que soy de la opinión de que cumplir lo que se promete es el camino más corto para prometer cada día menos, allí estuve el día señalado.

Creo que era una tarde de comienzos del verano, aunque me puedo equivocar. La librería, de varias plantas, me pareció deslumbrante. Hasta a mí me producía estupor la visión de tantos libros juntos. Y no solo novedades, sino un fondo increíblemente bueno. Prefería no pensar en lo que les parecería a mis clientes.

Puesto que solo conocía a algunos representantes de editoriales o distribuidoras y a Antonio ni lo llegué a ver entre la multitud, apenas tuve que saludar a nadie. Aquello estaba lleno de políticos y fuerzas vivas de la ciudad, sobre todo. Habían dispuesto que la manada, o sea, todos nosotros, nos hacináramos de pie en la planta baja. A través de una enorme pantalla, no sé si de plasma —era la primera vez que yo veía algo parecido—, vimos a los encargados de hacer los honores y soltarnos un discurso, rodeados de cámaras, en la planta de arriba y con bastante espacio vital entre ellos, como señores. No sé si los recuerdo a todos, pero estaba la directora en España de la Casa del Libro, Antonio Gala y una señora que ostentaba el cargo de consejera de Cultura en la Junta de Andalucía y más tarde sería ministra defendiendo los mismos intereses. Solo recuerdo que llevaba poco tiempo allí, apretada entre la muchedumbre, cuando el rostro de la consejera inundó aquella pantalla que parecía del futuro y nos habló.

—Por fin, los andaluces no tendremos que coger el AVE para ir a Madrid a comprar libros y…

Dijo andaluces, ni siquiera los sevillanos. No oí nada más. Sin ser una decisión consciente, comencé a caminar hacia atrás, disculpándome con unos y con otras por molestar, tal y como se sale de una bulla de Semana Santa, hasta ganar la calle Velázquez. No podía creer lo que acababa de oír. El AVE aún era muy elitista y carecía de las muchas ofertas que hoy tienen las reservas de sus plazas, aunque siga sin ser barato. No solo era una falta de respeto a los libreros de Sevilla. Aquellas palabras faltaban al sentido común y a la dignidad de muchísimos andaluces que iban (y van) a Madrid en autobús porque cuesta muchísimo menos e ir en triciclo no nos parece seguro.

Nunca he encontrado motivos de aflicción en tomarme una cerveza bien fría con unas aceitunas, que es lo que hice a continuación, aunque estoy segura de que hallaría muchos en quedarme de pie, incómodamente, mientras una privilegiada me llama cornuda y me apalea. Al día siguiente, me contaron que la ceremonia de estreno había sido un éxito y que, tras mis pasos, también salió Soledad Becerril. Supongo que así sería, aunque yo no la vi e ignoro si también sintió la necesidad de refrescar con una Cruzcampo en el Victoria Eugenia la futilidad padecida o tuvo que irse por cualquier urgencia o necesidad.

Él lee, ella lee

Iba ganando, muy poco a poco, a nuevos y excelentes lectores y clientes mientras que los que ya tenía contaban conmigo y me honraban con una fidelidad sin malentendidos, aunque la situación económica de la librería no hubiese mejorado. El zaíno que me hurtaba los *best sellers* sin darme tiempo a devolverlos por falta de ventas cada día tenía el pelo más brillante y las ondas de sus rizos más marcadas, ya que la reventa de mis libros no le daría solo para lo imprescindible, sino para un buen fijador capilar. Los estudiantes de Benito Godoque, como él mismo, andaban todo el día entrando y saliendo de mi cuarto de baño, digo de mi almacén. El catedrático de Física dueño de aquella teoría prodigiosa venía con la regularidad de un brote alérgico a ver qué hacía yo tan rematadamente mal para que allí siguieran sus diez libros y su mujer le hubiera retirado el verbo. De la Facultad de Ciencias de la Información y Comunicación, cada vez tenía más clientes. Por un lado, los alumnos, quienes no deseaban gastar su escaso dinero en manuales. Preferían fotocopiarlos o tomar apuntes, pero me pedían recomendaciones. Reuniendo las últimas

monedas y recibiendo su amnistía por mi parte si faltaban algunas, se llevaban con los ojos brillantes de anti-
cipación a Tom Wolfe, Salinger, Hemingway, Carver,
Malcolm Lowry, Capote, Bukowski, Mark Twain y
cuanto podían. Muchos, además, escribían o lo intenta-
ban y me dejaban para leer sus relatos o poemas. Algunos profesores también me ayudaron mucho con sus
compras y su confianza. Los pocos que leían e invertían
una parte de su sueldo en libros, la verdad. A la universidad, propiamente, apenas le vendí, porque hubiera
tenido que hacer pasillos y tomar café, lo que no es mi
estilo ni, al estar sola en la librería, me lo hubiera podido permitir. Por no mencionar que pagaban a seis meses
y eso si no traspapelaban tu factura.

A los cafés prefería invitar yo, pidiéndolos al Horno
de San Buenaventura, a quienes me apeteciera y nada
más, para celebrar la buena conversación y compañía.
Muy raro era el día en que no les devolvía diez o quince tazas con sus platillos y sus cucharillas. En ocasiones,
no tuve más remedio que atender algunos pedidos de
otras facultades, que, aunque residuales y mínimos,
como otras librerías no se los habían atendido por la
dificultad que fuera, me los hacían a mí; no sé si pensaban que les debía un favor, pero era un descalabro
financiero en toda regla. Y seguía sin vender *El árbol
de la ciencia*.

También constaté, de una forma más notoria que en
Asunción, que los hombres y las mujeres no nos parece-
mos demasiado. Ni leyendo, ni en casi nada.

A menudo, desde mi puesto, oía y veía a parejas que
se detenían ante el escaparate para examinar las novedades. Si ella decía:

—¡Anda, mira, ha salido uno nuevo de Almudena Grandes!

La respuesta de él, invariablemente, era:

—¿Sí?, ¿entramos? ¡Venga, que te lo regalo!

Y entraban, por supuesto. Yo creo que ellos calculaban a la velocidad de la luz, por el grosor del libro, las horas que tendrían en paz y la tranquilidad que reinaría en sus casas. Por muy cicateros que fuesen, siempre salía a cuenta. Una página, pensarían, cuatro minutos de tregua.

—Si lo multiplico por más de quinientas... Para que luego digan, ¡ni el pescado, ni los libros son caros!

Casi se podían escuchar los pensamientos.

Otras veces, ante el escaparate, era él quién se interesaba por alguna novedad.

—¡Mira, uno nuevo de Marina!

Pocas veces fallaba: su fiel y amante compañera de camino le daba un tirón del brazo que no sé cómo no lo sacaban de raíz y era una pena verlo, y se lo llevaba en volandas. Apenas si me alcanzaba el oído para asistir al desenlace.

—¡Pues qué bien! Tu cumpleaños es dentro de tres meses. Ni se te ocurra comprarlo, ¿eh?, que ya tengo tu regalo.

Mientras se alejaban, a menudo él giraba la cabeza sin dejar de mirar el escaparate como cuando de niños nos arrancaban del de alguna confitería o tienda de juguetes.

En cuanto a las preferencias, en lo que a contenidos y géneros se refiere, también somos muy diferentes, con todas las excepciones, por supuesto, pertinentes y necesarias. Nosotras preferimos leer novelas. Muchas. Contemporáneas y clásicas. La mujer quiere comprender mejor los verbos nacer, vivir y morir, y quiere hacerlo con todo lujo de detalles. Pocas veces los encontrará excesivos, molestos o innecesarios. Y quiere calidad, claro, que no estamos orates. Cuando lee algo que no es una novela, ningún género predomina sobre los otros. Un poco de todo, pues. A menudo, elige una policiaca, pues el verbo matar también lo encontramos de gran interés.

Los hombres leen de todo y mucho también, aunque solo cuando no tienen más remedio o se tercia leen una novela, en cuyo caso se inclinan por la novela histórica o la negra, que no se parece en nada a la policiaca, puesto que, al final, no se entiende gran cosa de por qué pasó lo que pasó, lo que a nosotras nos hunde. Casi siempre prefieren el relato, el ensayo, la divulgación y, algo que me sorprendió muchísimo, la poesía.

Rialto tenía una buena sección de poesía (en la inauguración de la Casa del Libro, pude comprobar que la de ellos no era mayor) y así me lo aseguró un día Jacobo Siruela, cuando todavía estaba al frente de la maravillosa editorial con el nombre de su título nobiliario, quien me compró tres poemarios asegurándome, lo que me costó creer aunque me hizo muy feliz, que muchas librerías importantes de Madrid (y las nombró) tenían una sección más pobre que la mía y con peor criterio. Muchas mujeres no comparten que lo que se puede contar en trescientas páginas alguien lo haga con un poema y no sea, en sí mismo, algo malo. A los hombres, en general, esto mismo les parece admirable y yo lo comparto. Un hombre ni siquiera necesita un poema para convencerse de que necesita un libro. Le basta, os lo prometo, un verso bueno.

En derrota y sin doma

Como los números no acababan de cuadrar todos los meses y jamás con desahogo, yo no cesaba en el intento de desentrañar e intentar sofocar las razones de mi ineptitud para evitar el naufragio de mi librería; cada día más cerca de unas rocas muy negras y afiladas, que podía ver como si las tuviera delante. A día de hoy, con todo lo aprendido en estos años y la reflexión postrera, sin el apasionamiento de quien está en mitad de la partida y se juega la vida misma, veo claras muchas flaquezas mías.

1. Ya lo he dicho antes, en algún momento: Rialto era una librería muy pequeña y nunca aproveché bien su espacio. A muchas secciones les tendría que haber dicho adiós y, aunque tuviera los libros en depósito sin fecha de vencimiento, muchos tendría que haberlos devuelto si no en unos meses, sí en el primer año. Y con ello asegurarme de tener el mejor fondo posible de ficción y poesía.

2. Aunque creo que el sistema ha cambiado y ahora las librerías seleccionan previamente casi todas las novedades que reciben antes, salvo excepciones como Plane-

ta o Plaza & Janés, antes no era así. Había editoriales o distribuidores que las enviaban, eligiendo ellos el número de ejemplares de cada título (y abusando muchas veces) en depósitos que vencían a treinta, sesenta o noventa días, según. Otros, como Ítaca (distribuía Alfaguara, Taurus, Aguilar y El País-Aguilar, entre otras), directamente en firme, con determinado vencimiento. Para colmo, como tenían que tener contentos a quienes facturaban mucho (grandes superficies y librerías importantes), de los títulos que salían de imprenta ya con una expectativa de cierto número de lectores (Javier Marías, por ejemplo), podía recibir uno o ninguno mientras me enviaban tres de un manual para jugar al golf como un perfecto caballero, inclinación que nunca manifestaron en gran número los vecinos de la Puerta Osario.

Si no devolvías todo lo no vendido con la máxima antelación, primero pagabas esas enormes facturas y luego recibías un abono que se compensaría con las siguientes, por lo que siempre andabas adelantando unas cantidades que ni siquiera tenías a costa de los intereses de las líneas de crédito bancarias, con gran regocijo de sus juntas de accionistas. Llevar a rajatabla y con dureza las devoluciones suponía, además de mucho trabajo y un corazón como el de la enfermera de *Alguien voló sobre el nido del cuco*, quedarte sin los libros justo antes de necesitarlos. No era raro, más bien lo habitual, que la primera reseña escrita de un título apareciera en los suplementos culturales a los tres o cuatro meses de llegar a la librería como novedad. En cualquier caso, este sistema suponía todo un desequilibrio en las cuentas de la librería, que si no era muy solvente acababa por confesarse incapaz de soportarlo.

3. Una librería pequeña no tiene mucha capacidad de negociación, pero debe intentarlo. Un uno por ciento en el margen de beneficios puede ser importante, pero al pobre siempre le da vergüenza pedir mientras que el rico ya nace sabiendo y ansioso por ponerlo en práctica, que se ha dado el caso de algunos que, antes de aprender a andar, ya mejoraban las pólizas suscritas por sus padres. El Grupo Anaya, por ejemplo, restaba un cinco por ciento de margen a los manuales universitarios y no solo al libro de texto, que eso lo hacen todos. Era cierto que algunos manuales de Alianza eran lecturas obligatorias o recomendadas, pero no todos, aunque no era infrecuente que el libro menos pensado se facturara siguiendo ese criterio. La solución consistía en levantar el teléfono, quejarte y solicitar una factura corregida, lo que, si tenías razón, hacían sin plantear ningún problema e incluso disculpándose. Pero había que estar encima, claro, y tener ganas de estar medio día al teléfono y protestando, afición que nunca hice mía.

Bueno, pensaba, no es tanta la diferencia. Y aunque podía sentir a la señora de Burgos posada en mi hombro llamándome imprudente y manirrota, lo dejaba estar.

4. Los cafés pedidos al Horno de San Buenaventura. Calculo, tranquilamente, que evitarlos me hubiera dado, al menos, un año más de vida. También es verdad que para ese ascetismo tendría que haber nacido de nuevo y lo que no puede ser es imposible.

La señora de Sarajevo

Equivocándome una vez más en las razones por las que no tenía más clientes fue como conocí a la señora de Sarajevo. Muy rubia de ojos y de cabello y un junquillo de cuerpo, era poco mayor que yo y todos los lunes venía a limpiar un piso de la plaza del Rialto. Era un primero muy alto que quedaba justo enfrente de una de las ventanas de mi librería, al principio de la calle Jáuregui. Cruzando nuestras miradas y sonriéndonos, tan arriba ella como hundida yo, creo que para ambas aquel saludo regular acabó por adquirir las propiedades mágicas de lo que fuera que hiciera falta para atrevernos a encarar nuestras respectivas semanas por delante. A mí me llamaba mucho la atención la energía, más bien furor, que ella empleaba para limpiar los barrotes de aquel balcón. A la dueña de la casa nunca la llegué a ver, pero solía pensar, igual me equivocaba, que no eran sus exigencias higiénicas las que invocaban aquel brío tan desatado, sino el gusto de la mujer rubia por hacer bien las cosas aunque fuese para nada, pues Rialto y Jáuregui tenían y tienen mucho tráfico rodado y el grisú volvería a ensuciarlo todo en pocas horas.

Un día, al acabar su jornada, yo estaba en la puerta de mi librería comprobando el efecto del escaparate recién renovado de títulos y se acercó. Creo que me preguntó por un libro infantil para algún regalo de cumpleaños que hubiera querido hacer de alcanzarle. En ese momento, vi claro que no vendía más libros ni tenía más clientes porque estos me veían limpiar a mediodía. Los miércoles no tenía que recoger a mi hija del colegio para comer con ella por lo que aprovechaba para quedarme, sacar el trabajo atrasado de cotejo de albaranes y facturas, fregar el suelo y limpiar ventanas y escaparate, lo que no me importaba en absoluto ni era arduo de hacer, tan pocos metros tenía la librería. Claro, medité, no es habitual saludar a tu librera, de vuelta del trabajo, cuando está con la fregona. Los estaba confundiendo, a mis posibles clientes. Por supuesto, le pregunté cuánto cobraba por su tiempo de trabajo. No encontrándolo desorbitado y creyendo que así nos ayudaríamos mutuamente a pesar del esfuerzo que me suponía, acordamos que vendría un día a la semana (la mañana o la tarde, pues a mí me daba igual) según le conviniera a ella.

Me contó que venía, huyendo de las miserias que dejó allí la guerra, de Sarajevo y llevaba unos años, no muchos, en Sevilla. Tan vívida era su narración que creo haberlos acompañado en su periplo. Una noche, cargando a un recién nacido y con otro niño de unos cuatro años, ella y su marido cruzaron los Pirineos. Andando. Me contó aquella noche sin luna en que lograron cruzar la frontera y me dio hasta vergüenza haberme arrogado tantas veces el rol de víctima. Me hablaba, siendo casi de mi misma edad, de otros mundos. Espantosos, sin leyes ni medidas.

El día que venía, tras saludarme y durante no menos de diez minutos, me preguntaba por mil minucias y me contaba quinientas tonterías. Yo, que había logrado reunir a duras penas su salario para entregárselo a la salida, sintiéndome mezquina por no poderlo evitar veía, sobre su rostro vivaz y parlanchín, un reloj con su minutero. A continuación, se metía en el baño y ya no salía. Cuando, bien pasada una hora y media, muerta de ansiedad, me atrevía a entrar con cualquier excusa, siempre la encontraba sentada en el alféizar de la ventana, fumando y hablando por el móvil, que lo tapaba con una mano para decirme, muy sonriente y educada:

—Pasa, pasa, coger lo que quieras. Yo no importa. Si quieres pipí, también. Yo no importa.

Y regresando a su conversación en su idioma extranjero, se olvidaba de mí. Yo volvía a mi puesto, claro. Media hora antes de que venciera su tiempo pactado conmigo, salía como improperio que escupe el alma y a toda velocidad, sin barrer siquiera, fregaba el suelo cambiando las pelusas de lugar y dejándolas chorreando agua. Yo fingía que no me estaba dando un ataque al corazón, pues me parecía poco elegante que se notara, además de que me acordaba de los Pirineos a pie y de noche, y no estaba tan segura de que si mi vida hubiera sido la suya no hubiera acabado tratando con idéntica consideración a las pelusas de Sevilla. Cuando se iba, me daba igual si algún cliente me encontraba en esa tesitura y limpiaba el suelo como era debido. Así, sin variar un ápice, se iban sucediendo las semanas y sus climas.

Un día, en esa conversación con que me obsequiaba al llegar, me dijo que por las tardes sus hijos (de tres años el chico y siete el grande) estaban casi siempre solos en casa ya que aunque su marido no trabajaba y se quedaba con ellos solía dormir a todas horas, pues la cerveza le daba sueño. Que le hubiera gustado, al menos, poder comprarles películas de dibujitos animados para que estuvieran mejor. Mi hija tenía muchas que ya no veía por haberlo hecho mil veces y le prometí que a la semana siguiente se las prestaría. Aún eran en VHS, por lo que abultaban mucho, y en dos bolsas grandes, diez en cada una, se las llevé sin olvidarme.

Pasaron las semanas y nunca se acordaba de traerlas. Tantas, que hasta mi hija me había preguntado que dónde estaban sus películas de Disney y que, algunas, le gustaría volver a verlas. De modo que un día, bastante apurada, se las recordé. Puso cara de no tener la menor idea de qué le hablaba, pero disimuló como pudo.

—Claro, qué cabeza tengo. No preocupar tú, la semana que viene yo traigo todo.

Pasaron algunas semanas más sin que diera señales de recordarlo hasta que un día apareció cargada con dos bolsas y muy contenta.

—Tus películas. Yo soy formal. No quedo nada de nadie.

Ni una sola coincidía con las prestadas. Ni una era de Disney. Dieciocho, algo es algo, eran de otros dibujitos infantiles. Chinos, casi todos. Dos de ellas eran porno duro. Por supuesto, no quise entristecerla con la noticia, pues parecía muy feliz de poder devolvérmelas.

Yo entendía que Dios me necesitara para entretenerse, pero cuando ese día, con las prisas que le entraban al final, dedicó media hora a derribar y empapar de agua sucia todos los expositores de cartón, le dije que no me podía permitir sus honorarios, lo que era rigurosamente cierto. Y que no volviera, pues sintiéndolo mucho, yo misma me ocuparía de nuevo de la limpieza. Que volvió a ser otro de mis negociados sin, por ello, vender un libro más ni un libro menos.

El ciclista que no era buena persona

Hacía ya unos sábados que no venía por la librería el señor que me robaba los *best sellers*. A lo mejor, con mi ayuda había podido alquilar un apartamento en Zahara y estaría fuera todos los fines de semana. En realidad, los sábados no venía ya casi nadie y, tras resolver tareas que habían quedado pendientes durante la semana, hasta me aburría un poco.

Un sábado a primera hora, apenas el tiempo de colgar la pizarra y poner un disco, puede que de Schubert, entró un señor. Yo estaba tras el mostrador y él, tras darme los buenos días, me preguntó:

—Disculpe, ¿usted me compraría unos libros grandes? Creo que son del siglo XIX.

—No compro libros, ni trabajo el libro antiguo.

Puso cara de fastidio o de contrariedad, como si le corriera prisa aquel asunto. A mí no me dio mala espina en ningún momento pues no son pocos quienes se refieren a los libros por el tamaño o el color de las tapas, ni muchos quienes encuentran conveniente disimular sus decepciones, y estoy acostumbrada.

—Mire, muy cerca de esta plaza hay una librería anticuaria. Si quiere, le indico. Casi se ve desde aquí. Allí se los podrán tasar y a lo mejor les interesan.

Empecé a caminar para salir de detrás del mostrador y acompañarlo hasta la puerta para mostrarle la dirección que debía tomar, pero no me dio tiempo. Él giró sobre sí mismo dando una vuelta completa y, cuando volví a tenerlo de frente, tenía un cuchillo de cocina en la mano. Bastante más grande de lo que me hubiera parecido sensato, las cosas como son.

Sé que me puse histérica, no porque recuerde haber gritado, sino porque él me miraba como si le dolieran los oídos. Mientras yo salía de detrás del mostrador, y corría hacia la calle, el atracador se lanzó sobre la caja registradora, volcando algunos libros que se interponían entre ambos y pulsando a manotazos todas las teclas por si alguna abría la máquina, aunque yo sabía que así solo conseguiría bloquearla.

Ya he dicho antes que nunca presté mucha atención a mi guardarropa, por lo que lavaba todos los fines de semana casi toda la que tenía en uso. Los lunes llevaba ropa normal, también los martes y los miércoles, pero se me iba agotando conforme avanzaba la semana y los sábados podía vestir bastante original. Aquel me cogió igualita que a Audrey Hepburn volviendo a su casa por la mañana, tras comerse un croissant viendo el escaparate de aquella joyería, salvo por el largo del vestido, que el mío era más corto. Un vestido negro precioso que solo quedaba bien con tacones, con lo inestable que soy escapando de los bandidos.

Dos escalones separaban la librería de la acera y ni los bajé ni caí. Volé como un pájaro loco y me desplomé sobre el asfalto boca abajo. Tanto miedo tenía que era incapaz de girarme para ver qué hacía él y, tal y como aterricé, así me quedé. Esperaba que de un momento a otro me cogiera del pelo y me obligara a entrar para abrirle la caja, pero, durante un tiempo que se me hizo eterno, no sucedió nada. Finalmente y suplicando que se hubiera ido, logré girar la cabeza para mirar por encima de mi hombro izquierdo, pues era el ángulo desde el que yo percibía que no estaba sola. Había llegado en bicicleta, la tenía apoyada en la fachada, bajo la pizarra, y se estaba subiendo en ella mientras me miraba horrorizado. Antes de comenzar a pedalear y huir aún se tomó su tiempo para recriminarme sin necesidad de palabras que yo era la individua más torpe que se había echado a la cara desde que nació. Encima, criticando.

La puerta de mi librería nunca había estado cerrada. Ni siquiera en los peores días de julio y agosto, para aprovechar mejor el frío del aire acondicionado, me gustaba cerrarla, lo que siempre originaba las protestas de algunos clientes y compañeros de tertulia. Por supuesto, no solo la cerré sino que di todas las vueltas a la llave por dentro. Y volví a respirar, pues se me había olvidado completamente y creo que me estaba poniendo azul. Nunca antes en mi vida había sentido tanto miedo. Yo, que viajaba sola, que me molestaba que alguien encontrara oportuno acompañarme de noche a la puerta de mi casa, estaba aterrorizada. Los cuchillos de cocina, fuera de esa habitación, eran para mí cosas de las crónicas de sucesos y jamás sospeché que tendría que ver uno dentro de mi librería, tan cerca de mis libros y de mí. Después de eso, me temía, ya podía suceder todo. Y nada bueno.

Durante más de una hora estuve, sin más, sentada en el taburete e intentando retener el aire, lo que no acababa de salirme bien. Al cabo de ese tiempo, un médico homeópata (yo no supe, hasta ese día, a qué se dedicaba) y cliente habitual que venía a recoger unos libros encargados pegó su cara al cristal de la puerta. Se notaba muchísimo cuánto le extrañaba que estuviera cerrada. Le abrí y, tan pronto estuvo dentro, volví a cerrar con llave.

—¿Pasa algo raro, Belén? Estás desencajada.

Y le conté lo que había sucedido.

—Pero te has caído. Ha debido ser un buen golpe, ¿seguro que estás bien?

—Sí, a mí no me ha pasado nada. Es solo que sigo viendo el cuchillo. Igual que te veo a ti.

—A ver, gírate un momento.

El hombro izquierdo, por detrás, lo tenía en carne viva, lo que no me explicaba, pues caí boca abajo. Sangraba un poco, pero se veía negro, ya que el alquitrán del asfalto había conseguido incrustarse bajo la piel.

—Pero no me duele. No te preocupes.

—Lo primero es que te tranquilices. Voy al Horno por una tila.

—Voy contigo, no me quiero quedar aquí.

De modo que pegué en la puerta un cartelito que decía *Vuelvo enseguida* y que no hacía falta, pues nadie vino, y lo acompañé. En el Horno, enseguida vieron cómo llevaba el hombro y me dijeron que ellos tenían un botiquín muy bien surtido porque les obligaba la ley, pero dado que tenían tanto trabajo y no les daba tiempo a tener accidentes, estaba casi por estrenar. Lo sacaron para mí con mucha ilusión. El médico homeópata se ve que no había hecho nunca una cura, porque me dejó igual.

—Siéntate aquí y espérame, voy a traerte algo.

A los pocos minutos, volvió con unas bolitas muy pequeñas y me dijo que me las tomara, lo que hice obedientemente. Él no debía saber que eran bolitas de agua y azúcar, pues me las dio como quien comparte el Santo Grial o te regala una transfusión. El lunes siguiente, para que me aliviara del susto, me hizo llegar a la librería unas flores y un disco de Madredeus, lo que me pareció tan bonito que, a día de hoy, aún se lo agradezco. Y mucho más eficaz para los nervios que las píldoras, pero eso no se lo dije.

—Tienes que llamar a la policía.

—No.

—¿Por qué?

—Para empezar, porque no servirá de nada. Para continuar, porque desconozco cómo es la vida de ese hombre.

—La de alguien que usa cuchillos para obtener dinero.

—Pero ni me ha robado, ni me ha hecho daño. Me caí sola.

—Mira que eres rara...

—Yo me vuelvo a la librería, que ya llevo aquí mucho rato.

—Vamos, que te acompaño.

Cuando entramos, volví a cerrar con llave.

—¿Por qué no te vas a casa y descansas?

—Porque no sería serio. Mi horario es hasta las dos y, además, en casa también estaré mal.

—Déjame llamar a la policía.

—No.

—No tienes que denunciarlo, si no quieres.

—¿Ah, no?

—No. Les puedes contar lo que te ha pasado solo para que se den algunas vueltas por aquí durante el resto de la mañana y no estés tan nerviosa.

—¿Eso se puede pedir?

—Claro.

Al poco, vinieron dos agentes y él se marchó a su consulta. Lo primero que hicieron, aunque les dije que no presentaría denuncia, fue llamar a los de la Científica. Imagino que debió ser un sábado muy tranquilo, pues también llegaron enseguida. Venían con monos de trabajo y llenaron la caja registradora con unos polvitos blancos que, ya lo estaba viendo, iba a tener que limpiar yo. De todos modos, me vino bien para distraerme aunque imaginaba que luego, por tan poca cosa, no iban a cotejar las huellas que encontraran con todas las que tenían archivadas. Mientras, los policías locales me iban preguntando.

—¿Cómo era?

—No lo recuerdo.

Y era cierto, su rostro en mi memoria era un agujero bajo un flequillo.

—Eso es normal, no se preocupe. ¿No recuerda absolutamente nada?

—Tenía un cuchillo y una bicicleta. Y el pelo gris. Con un mechón sobre la frente.

—¿Qué clase de cuchillo?

—De cocina, muy grande.

Separando las manos, les indiqué el tamaño aproximado.

—¿Recuerda cómo iba vestido?

La imagen, de pronto, resurgió con toda claridad.

—Perfectamente. Unos tejanos azules muy lavados y una camiseta gris. Ancha y por fuera de los pantalones.

El cuchillo lo debía llevar dentro de la cinturilla cuando llegó. No sé cómo no se pinchó en la ingle.

—¿Algo más que recuerde?

—No. Unos cuarenta y cinco años. Es el típico hombre que si lo vieran ahora mismo por la calle les podría parecer un escritor, un artista o un delincuente.

—¿Cómo?

—Era como si Benjamín Prado se pareciera a Kiko Veneno. Ese estilo...

—Ya.

Los policías se miraron como si no supieran si abandonarme a mi suerte o invitarme a una copa.

—Mire, aunque no quiera ir a la comisaría a interponer una denuncia, a un centro sanitario de urgencias la tenemos que acercar. Ese hombre no tiene buena pinta.

—No me duele.

—Se le va a infectar si no deja que la curen.

Lo examiné por encima y era cierto que daba pena.

—¿Ustedes creen eso?

—Pues claro, mujer, y se va a arrepentir.

—Pero yo no puedo cerrar la librería.

—¿No ve que no entra nadie?

Finalmente, sustituyendo el cartelito por otro donde ponía *Volveré*, accedí. El coche patrulla lo habían dejado subido a la acera, justo delante de la librería, y me abrieron la puerta de atrás para que me subiera. El asiento corrido estaba desprovisto de su tapicería y me explicaron, pidiéndome disculpas por la incomodidad de sentarme sobre el plástico duro, que era lo normal. Yo creo que se les llenaría de sangre y otros detritos de vidas malbaratadas y, dándolo por imposible, lo habían dejado desnudo.

—No se preocupen, voy bien. ¿Puedo fumar?

—Por supuesto.

Y bajé mi ventanilla. Me llevaron al centro sanitario de urgencias que había en el Prado, al lado del Palacio de Justicia. El camino, todo Recaredo, Menéndez y Pelayo y los jardines de Murillo, lo disfruté muchísimo y creo que ellos también, pues iban muy despacito a pesar del escaso tráfico. La verdad es que llamábamos la atención. Yo, que había empezado a relajarme y parecía que iba detenida, con aquel vestido tan bonito del que los viandantes veían la parte de arriba, mis gafas de sol y fumando. Incluso me di el gusto de saludar con la mano a quienes me gustaron más. La gente nos señalaba y se notaba que hacían cábalas sobre qué podría haber hecho alguien como yo para acabar así, lo que me alegró el día.

Una vez limpia la herida sin necesidad de anestesia (de la adrenalina que aún me quedaba) a pesar de la crudeza de la cura, volvimos a hacer el paseíllo y me dejaron en la puerta de la librería, insistiéndome para que presentara una denuncia.

—No creo que cambie de idea, pero gracias por todo, de verdad.

Me costó bastante volver a sentirme tranquila en Rialto. Durante mucho tiempo, si estaba sola, acechaba la plaza intentando adelantarme a quien quisiera entrar por si no me gustaba su apariencia y podía cerrar la puerta a tiempo. Sabía que, de todos modos, era una prevención inútil, pues el aspecto del hombre del cuchillo no me hubiera alertado en lo más mínimo. Los amigos y clientes a quienes les conté lo que había pasado me habían aconsejado que lo denunciara, pero yo insistía en no hacerlo. Me aliviaba no recordar su rostro y confiaba, poco a poco, en olvidar todo lo demás.

Pasaron pocos días hasta que, desayunando en la barra del Horno de San Buenaventura antes de abrir, lo vi pasar por delante de las grandes cristaleras. Me miró con fijeza cuando nuestros ojos se cruzaron. No era verdad que hubiera olvidado su cara, pues lo reconocí y, sin poderlo evitar, me puse a temblar sin decir nada a nadie. Lo que menos me podía esperar es que él, a los pocos segundos, volvería tras sus pasos para recorrer el camino inverso sin dejar de mirarme con descaro. Su actitud era amenazante y me exigía, sin lugar a dudas, silencio. Con paso lento y chulesco, tardó en doblar la esquina hacia el Hotel Doña Blanca. Había conseguido, sin embargo, que yo cambiara completamente de opinión. Aunque no sirviera de nada, ahora sí quería poner una denuncia. Bastante miedo tenía ya como para acatar orden alguna de su pelaje. Aboné mi café, abrí la librería y telefoneé de inmediato a una amiga que vivía muy cerca.

—Lo he visto y no pienso obedecerle.

Le conté lo que había pasado y quedamos en que cuando cerrara a mediodía me acompañaría a la comisaría de la Alameda de Hércules.

Una vez allí, tras contar para su redacción lo que había pasado el sábado por la mañana y firmar varias copias, me pidieron que no me marchara.

—Mire, siéntese tranquilamente, que tendrá trabajo.

Sobre una mesa me pusieron tres álbumes muy gruesos de fotografías. Estas eran de formato bastante grande y cada álbum podía contener, fácilmente, doscientas.

—Pero...

—Son los que tenemos fichados y que trabajan en la zona, o lo han hecho, el robo con violencia en comercios.

—¿Ustedes creen que lo encontraré aquí?

—Esperemos que sí. Tómeselo con calma.

No estaba y nunca más volví a saber de él, pero en la segunda carpeta una de las fotografías me provocó una hilaridad casi feliz. Mi amiga no entendía nada y varios policías se acercaron temiendo, supongo, que me hubiera vuelto aún más loca. Aunque quería explicarme, no lograba articular una oración. Una y otra vez señalaba la misma fotografía y volvía a desternillarme.

—¡Es él, él! ¡Ay, Dios mío, que es él!

—¿Lo ha encontrado?

—¡No!, pero ¡es él!

—¿El atracador?

—El que me robaba los *best sellers* los sábados por la mañana. El de los rizos con gomina. El de la bolsa de deportes. El que corre como un profesional…

—¿Otro atracador?

—No, este es un caballero en comparación.

Tendríais que haber visto cómo se miraron entre ellos.

—¿Quiere formalizar otra denuncia?

—No, déjenlo, si es lo mejor que me ha pasado hoy. ¿Se han fijado en lo bien que posó para la fotografía? Y mucho más derecho que casi todos estos. Yo creo que hasta lee algunos de mis libros si no tiene nada que afanar y se le nota. Ay, mi ladronzuelo, que está fichado y todo.

El día que Vila-Matas no se volvió loco

La vida seguía su curso. Como siempre, demasiado justa en ingresos monetarios, pero espléndida en todo lo demás. Aunque poco a poco el número de clientes iba en aumento, lo hacía a un ritmo demasiado lento para mis finanzas, si a una triste cuenta corriente se la puede llamar así. Lo curioso es que, aunque pocas veces he sido más pobre, pues apenas quedaba nada para mí, movía cantidades importantes (según mi oficina) con todas las domiciliaciones que tenía en la cuenta: pagos a proveedores, impuestos y suministros. La cuota del autónomo no, pues la pagaba en ventanilla cuando podía, lo que era casi nunca. Resulta que cuando un ciudadano lo está pasando mal y no puede cubrir un pago en su día límite, desde el día siguiente al vencimiento le debe al Estado lo que no pudo pagar más unos intereses de demora del veinte por ciento; lo que haría que un rico volteara los ojos y echara espuma por la boca, como poco. El pobre, a menos que se muera o adquiera todo su vestuario en Cáritas y fije su residencia dentro de una caja grande de cartón, pagará. No se sabe cuándo, pero pagará. El día que adquiera un bien o tenga una nómina, por ejemplo, como me pasó a mí. Antes de que a su nueva empresa le dé tiempo a conocerle un poco y comprobar que no fue mala idea contratarlo, recibirán una carta de la Seguridad Social informándoles de que ese individuo es un moroso que estaba fingiendo ser una persona responsable y solicitarán el embargo de una parte de su nómina hasta liquidar la deuda pendiente con la Administración. Si, además de pobre, posee un temperamento con todas sus buenas cualidades intactas, se morirá de vergüenza y moverá cielo y tierra para liquidar la cuenta del debe, aunque tenga que renunciar a pisar una sala de cine, con lo económico que es y lo que se disfruta, durante año y medio si tiene suerte, así como verse obligado a cenar durante el mismo periodo un sándwich de atún en conserva, aunque le apetezca otra cosa, porque es un alimento muy completo.

Sin embargo, como mueves bonitas sumas para pagar a todo el mundo, para las entidades bancarias eres un cliente de lo más respetable y te hacen llegar cartas con unos folletos a todo color donde te informan de préstamos preconcedidos y, aunque sabes que aceptar esos intereses no es la solución a tus problemas, la alternativa, que es echar el cierre cuanto antes, tampoco es fácil de adoptar si no naciste en Suiza o en cualquier otro de esos países en los que se vive calculando balances y no sintiendo.

La librería sobrevivía pero estaba tocada de muerte y tan endeudada que tardé años, tras perderla, en pagarlo todo. Cuando veía pasar a tanta gente por la plaza del Rialto con bolsas amarillas de la Casa del Libro o bolsas amarillas de la señora de Burgos, me daban ganas de llorar y, algunos días, hasta lo hacía. Empecé a comprender que estaba viviendo los últimos tiempos de mi librería y que lo único que podía hacer era disfrutar y celebrar cada día, limitándome a atender su propio afán.

Ya no colaboraba con la radio pero seguía escribiendo, disfrutando de mis clientes, de nuestras tertulias con sus cafés y colgando la pizarra. No era poca cosa, desde luego. Además, aún me quedaba por vivir uno de los días más felices en la librería que me procuró su pequeña historia.

Uno de esos profesores de la Facultad de Ciencias de la Información que sí leían y me ayudaban bastante con sus compras personales me dijo una tarde que uno de sus menesteres era organizar conferencias, coloquios y todas esas cosas que se hacen con escritores invitados.

—Ah, pues estupendo.

—¿Sabes? Me gustaría traer a Enrique Vila-Matas, al que admiro, pero no sabría ni cómo dar con él. Además, tenemos un presupuesto ridículo, seguro que no aceptaría.

—Pues encuentra a Paula de Parma, ella debe saber.

—¿Cómo?

—Nada, bobadas mías.

Antes de que se marchara recordé algo.

—Oye, conozco a alguien que tiene un amigo que seguro que tiene el teléfono de Vila-Matas. Yo creo que estaría encantado de venir.

—¿Tú crees?

—¿Pagáis los gastos de desplazamientos y dietas, además de los tristes emolumentos?

—Claro, eso siempre.

—Pues yo lo intentaría. Si quieres, te consigo su teléfono.

—¿Lo harías?

—No me cuesta nada, lo intento y te digo algo.

Y así lo hice. Creo que al día siguiente ya se lo pude facilitar. Se puso muy contento y me lo agradeció sinceramente. Y, por supuesto, como tantas veces en que una ya ha sido de utilidad, se olvidó de mí.

Al cabo de dos o tres meses me volvió a encargar unos libros y pasó a recogerlos en cuanto los tuve.

—Oye, ¿te conté que hablé con Vila-Matas, no puso ninguna objeción, todo le pareció bien y viene mañana?

—Ah, ¿sí? Me alegra mucho.

—Tienes que venir, es en el Aula Magna del rectorado.

Entonces le expliqué lo que pienso de toda reunión donde hay más de tres interlocutores.

—No seas así. Hablará del proceso creativo de una novela y leerá fragmentos de una que está escribiendo.

Se trataba, si no me equivoco, de *Doctor Pasavento*.

—Genial, pero leer es cosa de solitarios. Ya la leeré. A solas y cuando esté editada.

—Si es a las ocho y media de la tarde, mujer, te da tiempo a llegar.

—Cierro a las ocho y media y no soy un pájaro. Tampoco me daría tiempo.

—No pasa nada si llegas unos minutos después.

—Que no. Pero, mira, me encantaría que, antes de ir para allá, pasarais por aquí.

—¿Por aquí?, ¿para qué?

Estaba tan asombrado que cualquiera diría que yo le acababa de pedir cuarto y mitad de hachís.

—¿Para qué va a ser?, para charlar un ratito con él e invitarlo a un café.

—Qué cosas propones, anda, anda, eso no lo puedo hacer.

Y se fue, no sin antes mirarme como si estuviera febril y no se me hubiera notado hasta entonces. Parecía que yo le había propuesto cometer un delito o una falta y me dieron ganas de comprobarlo en el Código Penal, que lo tenía aunque no se vendiera, pero me venció la pereza y no lo hice.

Todos los días, antes de cerrar, descolgaba la pizarra, la limpiaba y la dejaba lista y escrita para la mañana siguiente. El texto elegido era siempre para mí cosa del último minuto y nunca tardé más de dos en elegir uno que me gustara o se adaptara como un corpiño a mi estado de ánimo. Mientras recogía la pizarra, recordé al profesor y la visita anunciada de Vila-Matas a Sevilla del día siguiente. Pues escojo una cita de él mismo, pensé. No porque pensara que la iba a leer —si el taxista que lo recogió hubiera conocido mejor el callejero de la ciudad nunca la hubiera visto—, sino por el placer que procuran los pequeños homenajes de los que solo uno mismo tiene conocimiento.

Salvo uno muy raro que le había editado hacía mil años Beatriz de Moura en Tusquets antes de que la colección Andanzas echara a caminar, que estaba descatalogado y que en el mercado negro era más caro que el caviar, tenía todos sus libros en la librería. Los editados hasta entonces, claro, que eran bastantes. Como me gustaban casi todos, del expositor de Anagrama cogí sin mirar uno cualquiera. Resultó ser *Recuerdos inventados*. Pues mejor, ya que estamos, me invento yo el recuerdo, concluí a la ligera. Y cogiendo las tizas de colores, me dispuse a escribir lo primero que me vino al pensamiento:

ANOCHE SOÑÉ QUE YO NO ERA
LA SOMBRA DE VILA-MATAS.

Solo quedaba atribuírselo a alguien que no se delatara al instante y los pocos clientes que tenía me perdieran el respeto. Si se lo adjudicaba a Flaubert, se notaría mucho. Inmediatamente, me acordé del primer heterónimo que se inventó Pessoa. Tenía siete años el portugués y supongo que sería, más que nada, un buen amigo invisible. Seguro que nadie se daría cuenta. Y firmé el apócrifo: Capitán Thiebaut.

Todo esto que os cuento no me había ocupado ni cinco minutos de tiempo real. Cerré la librería, salí como un estornudo a recoger a mi hija y me olvidé completamente de Vila-Matas.

A la mañana siguiente colgué la cita atribuida al capitán Thiebaut, que así quedaría hasta la noche, pues como no se conocían ladrones de pizarras, la dejaba expuesta sin la menor preocupación todo el mediodía. Apenas si me había dado tiempo a abrir la librería a las cinco de la tarde cuando vi doblar la esquina de la calle Jáuregui a Vila-Matas —era fácil reconocerlo por las fotos de sus libros— con mi profesor. Este me miraba como si me hubieran hecho con la piel del diablo y yo fuera una experta del disimulo. El escritor llevaba una pequeña cámara digital y, sin transición, se puso inmediatamente a sacar fotografías de la pizarra. Muchas. Al profesor, sin entender nada, le pregunté.

—¿Qué pasa?

—Que qué pasa. Mira, mejor que te lo cuente él. Yo me tengo que ir. Lo recojo a las ocho para acercarlo al rectorado.

—¿Y eso?

—Pues nada, que dice que quiere pasar la tarde en tu librería.

Vila-Matas seguía sacando fotos de la pizarra y nos ignoraba.

—Oye, muchas gracias. Es lo que te pedí.

—No me des las gracias, que eres muy graciosa. No he tenido nada que ver.

Y se marchó, algo molesto, no sin que el escritor le pidiera que antes nos sacara una foto a él y a mí bajo la pizarra. Yo llamé enseguida a algunos amigos de la librería que sabía que disfrutaban mucho sus libros, pues no me parecía bien, aunque me apeteciera, dar cuenta del festín yo sola.

Mientras llegaban, me contó lo que había pasado. Su avión, desde Barcelona, debió aterrizar en Sevilla sobre las dos de la tarde (hora en que yo cerraba la librería para ir a comer). Un taxi lo esperaba para llevarlo a la Facultad de Periodismo, en la calle Gonzalo de Bilbao. Cualquier sevillano que conduzca conoce cuál debía ser el trayecto cabal de ese vehículo: la avenida de Kansas City hasta Santa Justa, un poquito de José Laguillo, su giro a la izquierda donde es debido y ya estás en Gonzalo de Bilbao. Muy corto, además. Pero, ya fuera porque el taxista tuviera un mes lleno de gastos, ya porque fuese uno de los que pasaban siempre por la puerta de mi librería para leer su pizarra, a las dos y media más o menos, se encontraron detenidos por el semáforo de Puñonrostro y delante de ella. Claro, Vila-Matas estaba ya muerto de hambre a esas alturas del día. Tengo que insistir en que, por entonces, las pizarras eran exclusivamente cosa de los bares.

Me contó que bajó la ventanilla del taxi para poder leer mejor aquella, solo por el deleite de la armonía clásica de: cazón en adobo, pinchito moruno, solomillo al whisky, espinacas con garbanzos o urta a la roteña. Vamos, los versos sueltos típicos de Sevilla que a todos nos gusta recitar a esa hora. Cuando leyó lo que leyó, no se desmayó por estar sentado. De Jáuregui a Gonzalo de Bilbao, incluso con tráfico denso, hay tres minutos. Cuando el taxista detuvo el coche delante de la facultad, una pequeña comitiva lo esperaba para recibirlo. A Vila-Matas se le había averiado un poco el riego sanguíneo y, al parecer, estaba muy pálido.

—Buenas tardes, Enrique, es un placer.

—Miren, tienen que perdonarme, pero yo no puedo dar esa conferencia esta tarde.

—¿No?

Imagino, perfectamente, sus rostros descompuestos.

—No. Acabo de enloquecer. Hace un momento. Ya es mala suerte.

—¿Cómo?

—Que estoy loco. Lo siento, pero no puedo cumplir con mi compromiso.

Primero con palabras dulces y, finalmente, con fórceps, consiguieron que contara lo que le había pasado.

—No se preocupe, que usted no está loco.

—¿No?, ¿seguro?

—Ni un poco siquiera. Esa tiene que ser una de las tonterías de Belén.

Así fue como decidió que quería pasar la tarde en mi librería.

No había acabado de contarme esto cuando ya entraban en tropel por la puerta de Rialto los habituales a los que había llamado un momento antes. Yo creo que eran más sabandijas de lo que pensaba, pues no vivían tan cerca para que les hubiera alcanzado el tiempo y doy por seguro que alquilaron helicópteros con tal de no dejarme conversar más tiempo a solas con el escritor. La tarde, charlando, riendo y tomando cafés que pedimos al Horno, se nos fue sin sentirla.

Cuando el profesor volvió para recoger a Enrique, ya parecía haberme perdonado la tropelía.

—Bueno, pues os lo tengo que robar. Pasa luego por allí, Belén, no importa si llegas algo tarde.

Delante de Vila-Matas no quise repetir lo que opinaba de los encuentros entre personas variopintas y mi dificultad con los bostezos.

—No me va bien, de verdad. Pero ha sido un placer.

—Pero luego está previsto que tomemos algo, ¿no?

Lo había preguntado Vila-Matas.

—Sí...

El profesor, temiendo lo peor, volvió a dedicarme ese mohín reflejo de quienes se ven obligados a tratar con la estirpe directa de Caín, aunque yo no había dicho esta boca es mía ni pensaba hacerlo.

—Pues que nos acompañe más tarde.

—Verá...

No terminó la frase, pero sus ojos eran los del tío Gilito. Se podía contar en ellos, céntimo a céntimo, el presupuesto de la universidad para el piscolabis, pues ni siquiera le ofrecieron una cena en condiciones.

—Es que...

—Oiga, yo tendría derecho a un acompañante, ¿no?

Creo que se lo inventó sobre la marcha, pero el profesor se vio atrapado.

—Claro.

—Pues ella es mi acompañante. Si quiere y puede, por supuesto.

A mí me pareció entender, en el lenguaje inaudible de las miradas, que el profesor me lo desaconsejaba terminantemente, por lo que no dudé en mi respuesta, lo que espero me haya perdonado. Ese día, además y felizmente, no tenía que recoger a mi hija por esas cosas de los convenios reguladores.

—Allí estaré.

Al Aula Magna llegué cerca de las nueve pero casi no habían empezado y pude comprobar, una vez más, que lo mejor que se puede hacer con un buen libro es leerlo. Releerlo, si es muy bueno, aunque comprendo perfectamente que estas cosas son necesarias y hasta están bien.

Más tarde, en la misma calle San Fernando, en los jardines del carísimo Egaña-Oriza, la universidad había elegido, entre la disyuntiva de que cuatro comieran algo o que dieciséis se emborracharan, lo segundo. No nos pegamos por veintitrés canapés rellenos de aire y poco más porque se ve que todos queríamos presumir de buena educación, pero se podían pedir bebidas a discreción o, al menos, lo hicimos.

Debimos estar allí casi hasta las doce de la noche y no estuvo nada mal. Si Vila-Matas pudo dar fe de las propiedades nutricionales de las plantas y cereales que lleva el whisky, yo hice las mismas comprobaciones con las de la cerveza. Estuvimos todo el tiempo como cotorras que desvisten a un escritor o editor para vestir a otros y apenas reparamos en los allí presentes. Estos le dedicaban a él esas miradas comprensivas que se les suele conceder al capricho incomprensible de los grandes escritores, reservando para mí las que no pretendían disimular lo que verdaderamente pensaban de las pobres libreras que no habían sido invitadas. Pero nos daba igual y creo que éramos felices.

Nunca tuve copias de aquellas fotografías que Vila-Matas tomó en Rialto a los pies de la pizarra y aún sueño a menudo con su casa. La mía, si no cuento los de la cocina, solo tiene, propiamente, un cajón pequeño. Una caja de madera oscura que un día contuvo botellas de vino. Si necesito o quiero saber si he conservado algo, cruzo los dedos y miro en esa caja. Convencida de que la suerte no me acompañará, imagino la suya tal y como la veo cuando duermo: laberíntica y enorme, una arquitectura hecha de pasillos interminables e infinitas habitaciones dotadas de archivadores y cajones de todos los tamaños posibles y vete a saber, me digo, dónde las metería y cómo estarán.

La librería no sobrevivió muchos meses a aquella tarde y aquella noche. Intercambiamos algunos *mails* y un par de veces que volvió a Sevilla para otras cosas me avisó para encontrarnos. No fui capaz, pues ya había cerrado y estaba segura de que le apenaría. Solo cuando sabía que ya se había marchado respondía a su *mail* con algunas palabras a propósito de cualquier anécdota sin importancia. Cernuda, estoy segura, hubiera estado conmigo. Sufre, pero nada digas, me aconsejaría, despedirse de una librería es algo de una esencia que se corrompe al hablarlo.

La palabra denuncia es lúgubre y duele

Tanto para bien como para mal, casi todo en la vida es cuestión de tiempo. Solo crece y aumenta aquello que se riega, si se dispone de agua suficiente. A mi librería, pues iba por buen camino, intuyo que le faltó tiempo. Quizás si no la hubiera montado tan en precario, sin reservas de ninguna clase para asegurar esos primeros años que necesitaba para fortalecerse, aún seguiría abierta. No puedo saberlo. Creo que una de las cosas que nos salvan de esta locura que es pensar sobre la propia vida y las decisiones tomadas en encrucijadas es que nadie nos podrá asegurar nunca, con pruebas fehacientes, que haber hecho algo distinto hubiera sido mejor.

Poco a poco, aunque a mí me pareció sentirlo de forma repentina cuando empecé a considerar su final, las dolencias crónicas de Rialto se habían ido agravando:

1. Como no podía pagar puntualmente a los proveedores y con algunos llevaba meses de retraso, salvo al contado, no me podían atender los pedidos. Por supuesto, les solicitaba los libros encargados, pero tenía que renunciar al servicio de novedades, con lo que mi librería cada día estaba peor surtida y vendía aún menos.

2. En cuanto dispones de un poco de dinero, puedes levantar y proteger tu modo de vida con una sociedad limitada. Bastan tres mil euros para defender tu fracaso de tus bienes personales. Yo no tenía ninguno, pues vivía de alquiler y, por no tener, no tenía ni coche. Todas mis posesiones se limitaban a mi biblioteca personal, aunque creo que a ningún inspector de Hacienda le ha apetecido nunca tasar ni embargar una que no proteja incunables.

Pero un pequeño autónomo no solo responde con sus bienes presentes de su derrota; también de los futuros. Sabía que, si algún día podía comprar una vivienda o tener ingresos fijos, estos estarían en permanente peligro hasta no tener en orden todas mis cuentas con los diferentes acreedores. Si mi endeudamiento (con el banco, con los proveedores y con la Seguridad Social) seguía rodando, acabaría como aquella bola de nieve que ni una ciudad como Ronda se vio capaz de frenar en su avalancha y hasta mereció que le dedicaran el nombre de su calle principal.

3. Siempre atendí el pago del alquiler del local en su mes en curso y, los primeros años, hasta con puntualidad germánica. Lo establecido en el contrato de arrendamiento era que debía satisfacer la cuantía de la mensualidad entre los días uno y cinco de cada mes. Agravándose mis dificultades, tampoco pude cumplir con ese plazo, lo que me avergonzaba muchísimo y me robaba el sueño.

Si los primeros años un chico que trabajaba para la cadena de joyerías propiedad de mis caseros pasaba con el resguardo del recibí para cobrarme, al final llegamos a otro acuerdo. Como me humillaba tanto tenerle que decir que volviera en un par de días, pues no había podido reunir toda la cantidad, convinimos en que yo pasaría a pagar el alquiler por una joyería que tenían en una calle muy próxima. Allí esperaban mi visita y tenían preparado el justificante que acreditaba la entrega. Había meses que podía llevar el importe el día siete y otros el quince. Afortunadamente y como enseguida se verá, siempre en el mes en curso.

4. No sé qué opinarán otros libreros y libreras, pero, a mi parecer, el amor de una librería no se parece en nada al de los hijos ni al de los gatos. No me refiero al que yo sentía por ella, sino al que ella me ofrecía en correspondencia. El amor de una librería se parece bastante al de algunos hombres y la mía me estaba chuleando. Vamos, que estaba pagando muy caros sus besos y empecé a mirarla, muy poco a poco pero fue así, como a quien sabes que acabará contigo y con todas tus fuerzas.

Una tarde fui a la joyería a pagar la mensualidad del alquiler de la librería y ya nada más entrar y saludar noté, por cómo me miraron, que algo pasaba. Pregunté por fulano como siempre y, con ciertas reservas y demora, pude pasar a su despacho.

—Mira, Belén, lo siento mucho pero no te puedo aceptar el alquiler.

—¿Cómo? No lo entiendo.

—Pues, que no puedo...

—¿Me lo regaláis? No entiendo nada, de verdad.

—Ese asunto ya está en el juzgado. No te puedo coger el importe.

Yo sabía, por los libros y por la vida, que cuando la

humanidad te hace alguna hedionda faena, suele llamarla «asunto», pero seguía sin barruntar de qué me estaba hablando.

—Me da igual si parezco tonta. Es mi librería, mi medio de vida y el de mi hija. Te ruego que me expliques qué es lo que me está ocurriendo, pues voy a ciegas y no me lo puedo permitir.

—Pues que te hemos denunciado por impago. No es nada personal, pero nos asiste el derecho y cada uno mira por sus intereses.

—Pero si estoy aquí, como todos los meses y vengo a pagaros...

—Lo siento, estoy muy ocupado y no te puedo decir más.

No recuerdo las horas que siguieron, pues las he olvidado. Al día siguiente, hablé con uno de los abogados amigos de Benito Godoque, que, desde hacía un tiempo y compadeciéndose de mi ineptitud para el calendario administrativo, los números y los modelos 347, se ocupaba de todas esas cosas sin cobrarme en papel moneda, sino en especie. Apenas una módica cantidad en libros, lo que nos venía bien a los dos pero sobre todo a mí, lo que siempre le agradeceré.

—Aurelio, mira lo que me han dicho. ¿Qué puede ocurrir?

—No te preocupes. Iré hoy mismo al juzgado a ver qué tienen contra ti, pues si hay que esperar a que te notifiquen algo, tal y como va todo, puede tardar y será peor. Cuanto menos tiempo transcurra, más cosas podremos hacer.

A su regreso me explicó que, efectivamente, me habían denunciado.

—Es muy raro porque se supone que se denuncia al arrendatario para que pague y tú pagas, aunque tardes unos días.

—¿Pueden hacerlo con un retraso tan leve por mi parte?

—Sí. Les asiste el derecho a cobrar entre el día uno y el cinco, los estipulados en el contrato. Lo que pasa es que una cosa es el papel y otra la vida. Lo normal es que prefieran a una inquilina formal como tú, que solo cuando lo está pasando muy mal se retrasa, pero paga, a un nuevo alquiler del que vete a saber si verán un euro o cómo les tratarán el local.

—Creo que no quieren tenerlo alquilado.

—¿Por qué?

—Me parece que están intentando vender la casa en la que está incluida mi librería.

—Ya, pero pueden indemnizarte para que te marches.

—Sí, pero si ven que no puedo resistir y es verdad que la ley está de su parte, les sale más económico así, ¿no?

—Claro, mucho más.

—¿Puedo hacer algo para evitar sus intenciones?

—Sí y no.

—Cuéntame el sí.

—Como es la primera vez que oficialmente te retrasas en el pago, no pasa nada siempre que antes de quince días depositemos el importe del alquiler en un número de cuenta que solicitaré al juzgado. Como ni siquiera te han llegado a notificar nada, no habrá ningún juicio ni originará costas.

—Bien. En cuanto puedas.

—Ahora viene el no.

—Dime.

—La segunda vez que te ocurriera lo mismo, la cosa cambiaría bastante. Perderías algunos de tus derechos.

—Por ejemplo, ¿el de traspaso?

—Por ejemplo. Y, tal y como te va, no sé cómo vas a conseguir pagarles entre el día uno y cinco de cada mes. El dinero no se puede pintar.

Cuando unos años antes firmamos el contrato de alquiler, yo había insistido en que se incluyera una cláusula que me permitiera traspasar la librería. No porque pensara hacerlo, sino porque sé que la vida es larga, el alma inconstante y nunca he descartado vivir en Canadá o en Buenos Aires.

Vi con toda claridad que no tenía tiempo que perder, pues el traspaso me podía permitir liquidar las principales cuentas pendientes con los proveedores y quedarme solo con la de la Seguridad Social, que ya del veinte por ciento en intereses de demora no podía subir. Y tirar para adelante confiando en encontrar un empleo sin tardanza, claro.

Llamé a ABC e inserté un anuncio por palabras que se renovaría semanalmente. Era muy breve. No por su cuantía, que lo hubiera sido igualmente, sino porque no encontraba ni quería hallar las palabras para contar aquella transacción.

SE TRASPASA LIBRERÍA EN EL CENTRO DE SEVILLA

Y el número de mi teléfono móvil por si acaso me llamaban fuera del horario de Rialto. Si alguien tenía verdadero interés, se vería enseguida y podría preguntar cuanto quisiera.

Un final digno de un fado

Viví el final de la librería como una enfermedad doloro-
sa y mortal. Afortunadamente, no tuve que renovar
muchas semanas aquel anuncio agónico, pues llamó
demasiada gente por el gusto de averiguar sin más. Me
llamó hasta la señora de Burgos, aunque nunca llegué a
saber si realmente le interesaba Rialto, pues perdí el
conocimiento al reconocer su voz y quedé como la típica persona capaz de desmayarse cuando no puede más.

Con los otros, por el tono despreocupado y las preguntas torpes y periféricas, me daba cuenta de que no
les interesaba de verdad coger el traspaso y me mostra-
ba tan fría como el hígado de un islandés.

—¿Sabe? Es que yo siempre quise tener una librería.
¡Es tan bonito!

—Pues empiece por respetar a las que mueren y no las
llame por teléfono para nada.

—Y ¿dónde está?

—En el centro, lo dice el anuncio.

—Y ¿de qué librería se trata?

—De la que se traspasa, lo dice el anuncio también.

En aquellos días me juré a mí misma que, si la vida

llegaba alguna vez a tratarme bien y hasta me sobraba tiempo, salud y dinero, por muy aburrida o triste que estuviera no haría nunca nada sin meditarlo mucho. Por si acaso al otro lado del muro había alguien que sufriera tanto y temblara de miedo, pena y vergüenza solo con oír el timbre del teléfono. De todos modos, en ningún momento tuve la impresión de estar boicoteando la operación, pues se notaba que eran personas que:

1. Leían el periódico en la hora del desayuno.

2. Eran funcionarios, ya que les daba tiempo a llegar hasta los anuncios por palabras.

3. Siempre a media mañana, llamaban desde su mesa de trabajo por el gusto de conocer detalles con los que adornar esa vida onírica en la que, a mitad del camino de su vida y con las cuentas saneadas, estuvieron a punto de coger el traspaso de una preciosa librería.

Tras una eternidad que debió durar cuatro o cinco semanas, una tarde llamó un señor de Madrid muy interesado. Tras diversas preguntas más que pertinentes, quiso concertar una visita para el siguiente sábado, pues podía venir a Sevilla. Lo acompañaban otras personas a las que creí interesadas en formar una sociedad con él y la librería les gustó mucho. Yo pedía una cantidad tan moderada por su traspaso que no hubo necesidad de negociar el precio. Finalmente y por razones que ignoro, no les cuadró, pero no me quedaron dudas ni de su interés por la librería ni de su compasión por mi infortunio. Su nombre, que me sonaba a ganadería y a bodegas, sí lo recuerdo.

Aunque estoy segura de que no tuvo nada que ver con el desenlace de la visita, aquel sábado en que vinieron a conocerla estaba conmigo mi hija, pues no tuve con quién dejarla. Yo les iba explicando todos los aspectos importantes y ella apostillaba una y otra vez.

—Es una lástima, pero mi madre no vende mucho.

Conseguí hacer como que no la oía, ellos fingieron ser duros de oído también y seguí ofreciendo diversos detalles, hasta su siguiente interrupción.

—Es una pena muy grande, pero en Sevilla no se venden tantos libros. Hay mucha gente que no lee, ¿sabéis?

—¿No quieres ir al almacén y colorear un ratito mientras atiendo a estos señores que son muy importantes para mí?

Aunque le dediqué una sonrisa tan falsa como solo las madres sabemos construir y que no ocultaba que el castigo iba a ser antológico, no le apeteció y prefirió asumir todos los riesgos, pues ella sí estaba muy interesada en el naufragio del traspaso. Leía siete libros a la semana y, a pesar de la modestia con que nos obligaba a vivir, amaba sinceramente la librería que yo había soñado dejarle algún día y estaba a punto de perder.

—No, me quedo con vosotros. Lo estoy pasando muy bien.

Yo seguí explicándoles.

—Los libros que tienen la etiqueta roja son míos y se incluyen en el traspaso, los de la etiqueta amarilla están en depósito general y debéis contar con el acuerdo de las editoriales y distribuidores para renovarlos...

—Ya le he dicho a mi madre que lo que tendríamos que hacer es vender el Goya y empezar a vivir.

Me miraron con verdadera admiración y no me apeteció renunciar a ella, por lo que no les aclaré que mi hija se refería a una reproducción del *Perro semihundido* que compré en la tienda del museo de El Prado hace mil años y que nos ha acompañado en todas nuestras mudanzas y moradas desde entonces.

Ya digo que, por lo que fuese, no pudo ser, pero a los pocos días llamó otro señor. Es una paramnesia del reconocimiento a la que los franceses llaman *déjà vu*. Yo la llamo *otra miga de pan de Pulgarcito* y, por muy feas que estén las cosas, me da mucha paz encontrar un nuevo mendrugo. Puede que estés pensando en una buena manera de suicidarte, puede que prefieras dormir a vivir, pero mira el lado bueno, parecen decirme, si has encontrado otra miguita es porque estás en el camino que, algún día, te llevará a tu casa. En cuanto descolgué el teléfono y oí su trigo fermentado, supe que Rialto era una palabra del pasado y, procurando que no se notara, me eché a llorar mientras elegía su última pizarra.

La visita se concertó para esa misma tarde. La librería le gustó y el precio que pedía por ella, una vez más, no fue un obstáculo. Me contó que vivía en un pueblo minúsculo de la provincia y estaba perdidamente enamorado. Su amada estudiaba en Sevilla, era mucho más joven que él y de su mismo pueblo. Era un amor imposible por cosas de familia y de las desconfianzas que generaban su calidad de divorciado y la diferencia de edad. Montescos y Capuletos de toda la vida y con necesidad de tener un sitio, lejos de todo, donde encontrarse. A él se le había ocurrido coger Rialto para ella.

No salió bien, pero sigo pensando que su idea no carecía de sabiduría, pues pocos lugares hay más parecidos a una cueva, si así se desea, que una pequeña librería. Con que cubriera gastos, le sobraba.

—Si tienes otro medio de vida y no necesitas financiarlo con los libros ni amortizar de inmediato la inversión del traspaso, vendiendo lo que yo vendo, sí cubrirías gastos. Sobradamente, además.

—Con eso me basta. Solo quiero un lugar donde poder estar con ella algunos momentos y mirarla.

—¿Ella está de acuerdo?

—En principio, sí.

—¿Sabes lo frágil que es un *en principio*?

—Totalmente. La inversión es poca cosa, Belén. Si la tengo que volver a traspasar, lo haré.

Para empezar, me pidieron que yo siguiera al frente de la librería como si no pasara nada.

—Pero no podré hacerlo mucho tiempo.

—No importa, el que puedas. Trátala como a una empleada delante de los clientes. Además, tiene que aprender a llevarla.

Ella estaba de acuerdo y, durante las mañanas, nos hacíamos compañía. A los ojos de mis clientes parecía que por fin las cosas me iban mejor y podía dar empleo a alguien, lo que me hacía sentir muy mal. Por esas ironías de la vida o porque Dios es perverso, la librería empezó a funcionar como nunca antes lo hiciera. Estábamos en la primera quincena de septiembre y, de pronto, los alumnos de Periodismo y Comunicación no querían fotocopias sino originales. Todos los estudiantes de secundaria del barrio querían comprar en Rialto *El lazarillo de Tormes*, *Rebelión en la granja* y *La Celestina*. A mediodía, tenían que acercarse a un *cash* que yo ni siquiera conocía a recoger Barcos de Vapor, pues era tal la demanda que no podían esperar dos días a que llegara el reparto editorial. Yo miraba las nubes blancas bajo el cielo azul de Rialto y buscaba el rostro de Dios para contarle la opinión que me merecían sus disposiciones, pero no se dejaba ver. En cualquier caso, me alegré mucho de que funcionara tan bien, pues me evitó el sentimiento de culpa.

Por las mañanas solía llegar un mensajero con flores frescas y recién cortadas para ella. Rosas, casi siempre. Por las tardes, venían los clientes habituales que por las mañanas trabajaban. Yo no solía estar, pues las dedicaba a resolver diversas cuestiones y a irme separando poco a poco.

—Pues ya volvemos cuando esté Belén —le decían—, que nos gusta que nos recomiende sus libros.

Yo no sabía qué hacer con el resto de mi vida y llegué a plantearme irme a vivir a Lisboa. Tras redactar mi currículo en portugués, aproveché un puente que allí no era festivo para presentarme y entregarlo en mano en Bertrand (qué bonita), Fnac y la librería de El Corte Inglés que acababa de abrir en Saldanha.

Creo que el traspaso no llegó a ejercer su nueva titularidad ni un mes completo. A mi regreso de Portugal, él me llamó por teléfono una tarde.

—Belén, sabes que la propiedad del local no quiere tenerlo alquilado, ¿verdad? Les entorpece la venta de la casa.

—Sí, claro, ya lo hemos hablado.

Y así era. Pero estaban obligados, mientras pagara puntualmente, a respetar el contrato de arrendamiento al menos durante el tiempo que le restaba de vigencia, que era de cinco años. La operación, supervisada por mi abogado y por el suyo, no comportaba ningún problema legal y estaba todo en orden.

—Lo sé. No te recrimino nada, pero me están haciendo una buena oferta para que me vaya y creo que la voy a aceptar. La librería no me está sirviendo para lo que soñaba, ¿sabes?

Me lo imaginaba perfectamente.

—Todo el mundo pregunta por ti y le da hasta pena ocupar tu lugar. Dice que se pone triste.

—...

—Para colmo, no me deja ni pisarla.

—¿No?

—Ni unos minutos. Se pone muy nerviosa solo de pensar que alguien nos pueda ver.

—...

—Lo siento mucho, Belén. El mundo está mal hecho. A ti, que te pertenece, te la arrebatan. A mí, que apenas la conozco ni le tengo cariño, me ofrecen en pocos días justo el doble de lo que pagué por ella. Es la mejor inversión que he hecho hasta hoy.

—No te preocupes. Nadie dijo nunca que salvo el mar o las montañas lo demás esté bien hecho.

—Ha sido un placer conocerte.

—Lo mismo te digo. Ojalá os vaya bien.

Cito, longe, tarde

Quedaba una última mudanza, la de mis pertenencias, que hice con la ayuda de unos clientes que habían llegado a ser amigos. Es asombroso todo lo que llegas a acumular hasta donde no hay sitio y todo lo que te tienes que llevar contigo aunque no soportes volver a verlo. Pero no debo olvidar nada que expuesto a ojos que no saben lo que miran signifique que yo les falto el debido respeto a esas cosas nobles y pequeñas que, de algún modo, tendré que custodiar de morada en morada. El precioso paragüero que me regaló mi hermano, la grapadora que en una cata a ciegas habría reconocido a la primera y sin dudar, la lanceta de madera afilada que me regaló Leonardo, otro gran amigo de Rialto, para que pudiera pedirle consejo oracular a cualquier libro, o tantas y tantas notas anónimas deslizadas bajo la puerta y que, algunas, hasta hablaban de amor.

Algunos vecinos de la plaza que justo ese mismo día quisieron comprarme un libro por primera vez, viéndome trasladar mis discretas posesiones al maletero abierto de un coche, se acercaron a interrogarme. Qué pena, dicen, otra librería que cierra. Y precisamente hoy, que iban a pedirme un libro. Ya es mala suerte, insisten, pero se acercarán a la Casa del Libro, qué remedio. Les digo que aún pueden comprar libros en Rialto aunque ya no sea mía. Que no será lo mismo y que me van a echar mucho de menos, responden. Cuánta buena fe con tan mala voluntad, pienso yo sin decirlo. Y me tengo que aguantar, porque es legal que estén ahí y porque no se debe mandar a nadie a su casa dando voces, con mi mudanza pública y su sobreactuado eco plañidero. Sé que me miran ir y volver desde la librería hasta el bostezo trasero del coche como se mira en un arcén un cuerpo tapado: fascinados e indemnes. Pero también sé que no es culpa de ellos. Es que vivir desgasta, pero no suele pulir a casi nadie, nada más.

Aún me quedaba un volver por una última vez: debía despedirme de la pareja a la que se la había traspasado y de quienes jamás volví a tener noticias. Iban a quedar ya atrás, como pasto nutricio del recuerdo, esas extrañas semanas en las que habíamos compartido dos realidades y librerías distintas. Curiosamente, comprender que nunca iba a regresar —durante muchos años ni siquiera volví a pasar por la plaza— me hizo sentir mejor.

Me voy definitivamente, de modo que hoy es el día en el que empiezo a amar enteramente Rialto. Porque seguiré amando la librería que realmente existió y empezaré a adorar la que, negándole su impiedad, pienso erigir en mi memoria. No he bajado aún el segundo peldaño que separa la acera de mi paraíso perdido y ya he empezado a elaborar su verdadero relato; el que algún día, en ese momento me lo prometo solemnemente, escribiré.

Así, todas las virtudes de tener una pequeña librería en Sevilla se presentaron ante mí, listas para defenderlas, como página virgen. Tan sencillo como perdonar a los muertos; de pronto no quedaba nada de la que tanto me hizo sufrir y todos los sinsabores y batallas que perdí (la guerra toda) se me antojaron honrados molinos de viento a los que solo mi debilidad y mi locura habían transformado en enemigos imbatibles.

Y ya está, es cierto que todo lo importante acaba siempre de repente. Las manos estrechadas, los besos dados, la buena suerte deseada y ya puedo huir hacia el futuro donde, aunque tendría que estar lloviendo, una luz azul de domingo me golpea al salir este jueves de octubre.

Camina, Belén, camina y tápate los oídos. Qué sonido tan triste hace una librería cuando se muere. Así, erguida, camina, que no parezca que corres. ¿Y por qué no? ¿Alguna vez ha pintado algo la vergüenza en una historia de amor o en medio de una catástrofe? *Cito, longe fugeas, tarde redeas.* Los romanos siempre han sabido un poco de todo. Corren malos tiempos, chica, y estás en un buen lío: huye tan rápido y lejos como puedas y tómate tu tiempo para volver. De modo que corro, cuatro zancadas más, doblaré en la esquina del Horno de San Buenaventura y alcanzaré el ángulo ciego de la plaza. No te gires, Belén, no mires atrás, avanza y no llores más. Claro que no. ¿Qué es una librería? ¿Cuántas veces en la vida se pierde una? Ay, pero este instante en mitad de la mía es único. Correré más despacio, me digo, o algún día podría arrepentirme de haberlo acortado tanto. Además, no estoy triste o no lo estoy del todo pues me faltaría, para estarlo, el sentimiento de injusticia. No, no soy completamente inocente de mi desdicha,

nadie me podrá robar lo que he vivido y hasta se puede
—lo sé porque lo he leído en algún sitio— vivir sin corazón. Paparruchas, Belén, alcanzaste la esquina, no mires
atrás.

Por supuesto, me giro. También ella me miraba.

«Todo tiene dos asas, una que sirve y otra que no.»
EPICTETO